서울대 가기보다 쉬운

내 아이
건물주 되기

서울대 가기보다 쉬운
내 아이 건물주 되기

초판 1쇄 발행   2021년 9월 6일
초판 3쇄 발행   2022년 9월 26일

지은이 박익현
펴낸이 하인숙

기획총괄 김현종
책임편집 아크플롯
디자인   표지 유어텍스트   본문 정희정

펴낸곳 ㈜더블북코리아
출판등록 2009년 4월 13일 제2009-000020호
주소 서울시 양천구 목동서로 77 현대월드타워 1713호
전화 02-2061-0765   팩스 02-2061-0766
포스트 post.naver.com/doublebook
페이스북 www.facebook.com/doublebook1
이메일 doublebook@naver.com

ⓒ 박익현, 2021
ISBN 979-11-91194-40-1 (03320)

박익현 지음

서울대 가기보다 쉬운

내 아이
건물주 되기

돈이 마르지 않는 부동산 투자 7단계 프로세스

더블북

Part 3
건물주가 되기 위한
나이대별 전략

Part 4
부동산투자할 때
8가지 규칙 모르면 후회한다

Part 5
부동산 달인이 되기 위한
11가지 투자 비법

PART 1

아이와 부모가
건물주 되는
7단계 프로세스

위대한 인물에게는 목표가 있고
평범한 사람들에게는 소망이 있을 뿐이다.
_워싱턴 어빙

우리는 세상이라는 바다를 가로질러 가고 있습니다. 배의 선장은 당신이고 선원은 당신의 가족입니다. 당신의 배는 어디로 가고 있나요? 여러 목적지가 있겠지만, 이 책에서 우리의 목표는 건물주, 즉 부자가 되는 것입니다. 그곳을 향해 나아가기 위해서는 위치를 알려주는 무엇인가가 필요합니다. 부자가 되고 싶고, 자녀도 부자로 만들고 싶다면, 그곳을 향해 어떻게 갈 수 있는지를 알아야 합니다. 어디 어디를 거쳐서 그곳으로 가기까지의 계획도 있어야 합니다.

즉 최종 목표 지점에 도달하기 전에, 작은 목표 지점이 있어야 하고, 그 중간 목표 지점까지 분명하게 갈 수 있는 계획이 있어야 합니다. 이런 중간 목표 지점과 계획 없이는 최종 목표에 도달하기가 매우 어렵습니다. 혹은 최종 목표에 도달하는 것은 불가능하다고 말할 수 있습니다.

현재 많은 사람이 부자가 되기를 원합니다. 부자 중에서도 건물주가 돼 월세 받으며 편하게 살아가고 싶은 사람들이 정말 많습니다. 그런데 왜 건물주가 되지 못하는 것일까요? 이유는 단순합니다. 중간 목표와 계획이 없기 때문입니다. 다들 최종 목표인 건물주가 되고 싶어 하면서, 중간 목표와 계획 없이 막연하게 건물주라는 목표를 이루고 싶어 합니다. 그 결과, 목표 지점에 도달하기 전에 중간에 멈추거나 포기하고 맙니다.

부동산 부자들, 건물주 중에서 계획 없이 부동산 부자가 된 사람은 한 사람도 없습니다. 그들에게는 명확한 목표가 있었고, 중간 목표가 있었습니다. 그리고 그 중간 목표를 실현하기 위해서 노력했습니다. 최종 목표를 이루는 일은 어렵지만, 중간 목표를 이루기는 쉽습니다.

여기에 건물주가 되기 위한 7단계 프로세스가 있습니다.

건물주가 되기로
마음먹는다

큰 야망을 품었을 때
결실을 얻을 수 있다.

_ 힐러리 클린턴

건물주 되기 프로세스의 첫 시작입니다.

어떤 일이든 목표를 세우고 그 목표를 향해 가겠다는 결심이 필요합니다. 우리 목표는 건물주입니다. 너무 단순하게 보이나요? 마치 초등학생이 대통령이 되겠다고 꿈을 밝히는 것처럼 유치해 보일 수도 있겠습니다. 하지만 단순한 것만큼 명확한 것은 없습니다.

부자가 되기까지 부동산만큼 쉽고 빠른 길은 없습니다. 사업을 해서 부를 이룬 사람들도 다 부동산을 가지고 있고, 부동산을 통해서 더 큰 부자가 됐습니다. 자신이 노력해서 번 수입보다 부동산을 통해 벌어들인 수입이 더 많은 일도 있습니다.

부동산투자만이 부자가 될 수 있는 수단의 전부는 아니지만, 부자들은 부동산을 무조건 가지고 있다고 말할 수 있습니다. 그리고 부동산으로 부자들은 더 큰 부자가 됐습니다. 세계적인 주식 전문가 워런 버핏도 부동산으로 돈을 번 경험이 있습니다. 우리나라도 마찬가지입니다. 대기업은 과거 서울 주요 부지를 매입했고, 그 토지 가격이 크게 오르면서, 많은 돈을 벌었습니다.

그렇습니다. 빠르고 정확하게 부자가 되기를 원한다면 부동산을 통해서 돈을 벌어야 합니다. 이 말에 당신이 동의하고, 건물주가 되기로 결심하는 일이 건물주 프로세스 1단계입니다.

부동산 컨설팅을 진행하다 보면, 부동산으로 돈을 벌고 싶어 하면서 목표 없이 오는 사람들을 많이 만나게 됩니다. 단순하게 돈만 많이 벌면 된다고 생각하는 부류입니다. 목표 금액도 없고, 계획도 없고, 돈벌 물건만 소개해 달라고 합니다. 이렇게 생각 없이 오거나, 한 방 노리고 오는 사람치고 건물주가 되는 사람을 본 적이 없습니다. 건물주 부자가 되는 사람은 반드시 부동산 부자가 되겠다고 마음먹고, 어떤 일이 있어도 흔들리지 않고 부동산 부자가 되겠다고 결심한 사람들입니다.

명확한 목표와 건물주가 되겠다는 신념이 있어야만 건물주라는 최종 목표에 다다를 수가 있습니다. 아무리 프로세스가 중요하고 옆에

서울대 가기보다 쉬운 내 아이 건물주 되기

훌륭한 조력자가 있다고 해도 내가 나를 믿고 될 수 있다는 신념을 가지고 있지 않다면, 절대로 건물주는 될 수 없습니다. 강남에 건물을 수십 채 갖고 있는 어느 부동산 재벌 회장님도 무일푼으로 시작했지만, 내가 건물주가 되겠다는 생각을 항상 잊지 않았다고 합니다. 그리고 남들이 살아가는 똑같은 방식이 아닌, 부동산 부자가 되기 위한 방식을 연구하고 실천해서 현재는 남들이 상상할 수도 없는 자산의 소유자가 됐습니다.

제가 존경하는 스노우폭스 사의 김승호 회장은 원하는 바를 이루기 위해서, 자신의 목표를 한 문장으로 만들어 그 문장을 100번씩 100일 동안 써야 한다고 합니다. 한국 비즈니스 협회의 심길후 회장 역시 매일 10대 목표와 투두리스트를 작성해서 목표 대부분을 이뤘다고 합니다. 세상에서 잘 나가고 존경받는 위인 모두 자신의 목표가 있었고 그 목표를 잊지 않고 항상 마음속에 새기는 일을 했습니다.

이제 우리의 목표는 정해졌습니다. 부자가 되는 것이고, 건물주가 되는 것입니다. 나는 '건물주가 된다'라는 목표를 항상 머리에 새겨야 합니다. 그리고 최종 목표는 "건물주가 돼 경제적 자유를 이루어 낸다"라고 선언해야 합니다. 목표와 마인드만 갖춰도 절반의 성공은 해낸 것입니다. 결심했다면, 우선 이 결심을 가족과 공유해야 합니다. 왜 건물주가 되기로 결심을 했는지 알려주고, 가족 모두 나가야 할 목표임을 이야기해줘야 합니다. 자본주의 사회에서 왜 부자가 돼야 하는지 그리고 왜 부동산 부자가 돼야 하는지 이 책에 전반적으로 나옵니다. 그 이야기를 자녀에게 해주시기 바랍니다. 그리고 가족 모두가 건물주가 될 수 있다는 이야기를 해주시면 됩니다.

학교에서 가르쳐주지 않는 경제와 부동산 지식

"이번 생에서 배운 것을 통해 다음 생을 선택한단다.
아무것도 배우지 못하면 다음 생은 이번 생과 똑같아.
한계도 똑같고 감당해야 할 무거운 짐도 똑같지."

_『갈매기의 꿈』 중에서, 리처드 버크 저

건물주가 되겠다는 목표와 신념이 정확해도, 이제 무엇부터 시작해야 할지 모르실 겁니다. 우선은 "무엇(WHAT)"부터 알아야 합니다. 건물주가 된다는 것은 부동산 부자가 된다는 것입니다.

그렇다면 먼저 부동산 부자에 대해서 알기 위해서는 부동산을 알아야 하고, 부동산을 알기 위해서는 부동산을 포함하고 있는 큰 범주인 경제를 알아야 합니다. (아…경제라고 하니 벌써부터 머리가 지끈거리시나요?) 제가 알려드리고 싶은 경제는 시험 문제를 풀기 위한 경제 지식이 아닙니다. 부동산을 사고팔고 돈을 벌기 위해서 꼭 알아야 하는 경제를 말하는 것입니다. 이런 경제 지식을 알지 못하면, 부동산 경험이 아무리 많아도 큰 규모의 투자를 하기는 어렵습니다.

기본적인 경제와 자본주의 구조를 알아야, 그 속에서 돌아가는 부동산을 더 잘 이해해야만, 많은 돈을 벌 수가 있습니다. 여기서 알려드릴 경제 지식은 학교 공부에서 배우는 것과는 완전히 다른 내용이고, 국가나 정부가 국민에게 알려주기를 원하지 않는 내용입니다. 왜냐하면, 자본주의의 진짜 구조와 진실은 국민이 돈을 많이 벌게 하지 않는 것이기 때문입니다. 이 내용을 알게 되면 당신은 현대 사회에서 돈 버는 방식과 당신의 자녀가 공부하는 이유에 대해서 다시 생각해 보게 될 것입니다. 그리고 자본주의 국가가 제시하는 방법을 무조건 수용하고 따라가는 일이 어리석은 일이라는 것도 알게 됩니다.

제대로 된 경제 공부를 한 이후 해야 할 것이 부동산 공부입니다. 경제 공부는 당신과 당신의 자녀가 자본주의 속에서 제대로 살아가야 할 방향을 잡아 줄 것이고, 부동산 공부로는 현대 사회에서 가장 빠르게 돈 버는 방법을 알게 될 것입니다.

부동산을 제대로 공부하게 되면 미래가치평가와 분석을 할 수 있습니다. 그리고 손실을 최소화하는 방법을 익히게 됩니다. 그렇게 되면, 부동산으로 돈을 버는 것이 어렵지 않은 것임을 알게 됩니다. 경제 지식과 부동산 지식에 관련된 이야기는 다른 장을 통해서 자세히 확인할 수 있습니다. 장담하건대, 경제 공부만 제대로 해도 세상 보는 눈이 달라지고, 어떻게 살아가야 하는 이유를 알 수가 있습니다. 이후, 부동산 공부로 지식을 쌓게 된다면 현실적으로 내가 어떻게 경제적 자유를 얻고, 또 시간의 자유까지 얻을 수 있는지 그림을 그릴 수 있게 됩니다.

종잣돈 모으기

종잣돈을 모으는 순간,
당신의 투자는 시작됐다.

알면 시작해야 합니다. 하지만 시작하기 위해 필요한 것이 돈입니다. 부동산 건물주가 되기 위해서는 투자를 해야 하고, 투자하기 위해서는 돈이 필요합니다. 투자에서 가장 기본이 되는 돈을 종잣돈, 혹은 시드머니라고 말합니다. 기초가 되는 돈을 말합니다. 그러면 종잣돈이 얼마나 필요할까요? 100만 원 200만 원?

일전에 개그맨 박명수 씨가 이런 말을 했습니다.

"티끌 모아 티끌이야."

네 맞습니다. 자본주의 원칙을 너무 잘 말해주는 이야기를 했습니다. 자본주의는 자본, 즉 돈이 중심이 되는 곳입니다. 돈을 많이 벌고 싶다면 많은 돈을 투자해야만 됩니다. 쉬운 예를 하나 들어볼까요? 당신에게 20억 원이 있고 부동산투자를 한다고 가정해 보겠습니다. 어느 곳에 투자하는 것이 가장 잘하는 투자일까요? 바로 강남 부동산 물건을 구입하면 됩니다. 그러면 금세 이득을 볼 수 있습니다. 누구나 다 아는 이야기입니다. 하지만 우리에게는 20억 원은 없습니다. 그러면 우리는 부동산투자를 할 수 없냐고요? 아니요. 할 수 있습니다.

하지만 최소 필요한 금액은 있습니다. 그 금액은 21년 기준으로 2,000만 원입니다. 2,000만 원 정도 금액만 있어도 부동산투자할 수 있는 곳은 얼마든지 있습니다. 만약 2,000만 원도 없다면 어떻게 해야 하나요? 어떻게 해서든 2,000만 원을 마련해야 합니다.

2,000만 원이라는 종잣돈을 마련하기 위해서는 여러 가지 방법이 있습니다. 우선은 일해서 버는 것입니다. 너무 당연한 이야기지만, 제일 확실한 방법입니다. 하지만, 일만 해서 버는 것은 추천해 드리지 않습니다. 일하면서 끊임없이 돈이 벌리는 구조를 생각하고 만들어야 합니다. 향후 파이프라인 구조에서 비슷한 이야기를 하겠지만, 파이프라인을 만들기 이전에, 일하지 않고도 돈이 계속해서 벌리는 구조를 생각하고 만들어내야 합니다. 간단하게는 금융상품 같은 것을 잘 이용해서 시드머니를 모으는 데 속도를 많이 단축할 수 있습니다. 결론적으로 부동산의 투자를 시작하기 위해서는 기본이 되는 종잣돈이

필요하고, 최소한 위에 제시된 금액을 모아야 합니다.

한때 부동산 업계에서는 종잣돈 1억 원이 기본 공식처럼 불리던 때가 있었습니다. 2016년도 이전, 아파트 가격 대란 전에 부동산으로 돈 좀 번 사람들이 종잣돈 1억 원을 활용해 돈 번 이야기를 너무 많이 했기 때문입니다. 현재 그 공식을 활용해서, 아파트를 구하고자 해도 불가능하고, 과거 아파트 투자 방식은 부동산 규제 정책으로 인해서 더 이상 통하지도 않습니다. 더구나 일반 직장인 기준으로 짧은 시간에 1억 원을 모으는 것은 불가능합니다. 1억 원 모으는 시간 동안 부동산 가격은 더 올라가고 절대 따라갈 수 없는 편차가 생겨버립니다. 내 자녀가 어릴 때부터 준비하면 2,000만 원은 모을 수 있습니다. 그리고 월급을 받는 직장인들은 금융상품이나 저축만 잘 해도, 단기간에 2,000만 원은 모을 수 있습니다. 여러 방법을 활용해서 종잣돈을 만들어야 하고, 이 종잣돈을 가지고, 본격적인 부동산투자 준비를 시작해야 합니다.

소액투자로
파이프라인 구축하기

잠자는 동안에도 돈이 들어오는 방법을 찾아내지 못한다면
당신은 죽을 때까지 일을 해야만 할 것이다.

_워런 버핏

경제와 부동산 지식을 잘 쌓고, 종잣돈을 모았다면 투자를 시작하는 단계입니다. 본격적으로 일하지 않아도 돈을 벌 수 있는 파이프라인을 만드는 단계라고 할 수 있습니다. 파이프라인이란 돈이 계속 나오는 방식을 표현한 말입니다. 내가 일하지 않아도 돈이 꾸준히 나에게 들어오는 길이라고도 이야기할 수 있습니다. 이 파이프라인이 얼마나 많은지 또는 파이프라인으로 얼마나 많은 돈을 벌 수 있는지에 따라서 내 경제적 자유 여부가 결정됩니다.

사실 4단계와 5단계 프로세스는 거의 구분이 없습니다. 4단계이든

5단계 프로세스든 주목적은 많은 파이프라인을 만드는 것이기 때문입니다. 만약 세밀하게 구분을 짓는다면 4단계 프로세스 대상은 기본 종잣돈만 가지고 시작하는 사람들입니다. 4단계의 경우, 종잣돈을 가지고 시작하기 때문에, 하나의 파이프라인만 만들 수 있습니다. 하나의 파이프라인에서 매월 들어오는 수익만으로 다음 파이프라인을 만들기는 어렵습니다. 때문에 어떻게 하면 더 큰 파이프라인으로 옮겨갈 수 있는지 또는 더 많은 파이프라인을 구축할 수 있는지 고민을 해야 합니다.

우선 하나의 파이프라인을 만들고 제2 종잣돈 마련 작업을 계속해야 합니다. 2번째 파이프라인 만들기까지 걸리는 시간을 단축하기 위해서, 파이프라인 하나만 믿고 있으면 안 됩니다. 첫 번째 파이프라인 구축 후, 꾸준히 경제활동을 통해서 돈을 벌어야 합니다. 그래도 첫 번째 파이프라인으로 벌어들이는 소득이 있기 때문에 두 번째 종잣돈 마련은 훨씬 더 빠르게 진행이 됩니다. 처음에는 파이프라인 하나 하나 구축하는 일이 까다롭고 시간이 걸립니다. 하지만 하나만 잘 구축하면 2번째, 3번째 파이프라인 구축은 어렵지 않습니다. 첫 시작만 잘하면 됩니다. 행여 첫 번째 투자가 잘못됐다고 해도 절대로 실망하거나 포기해서는 안 됩니다. 오히려 이를 경험 삼아 다음번에는 더 나은 투자를 할 수밖에 없기 때문입니다.

부동산에서 완전하게 실패하는 투자는 없습니다. 주식에서 완전히 실패했다고 하면 보통 상장폐지를 많이 이야기합니다. 상장폐지를 당하게 되면 내 돈이 완전히 사라지는 것이죠. 하지만 부동산은 내 돈이 완전히 사라지는 경우는 존재하지 않습니다. 그 이유는 부동산을 구매했다는 것은 땅을 구매한 것이고, 그 땅이 사라지지 않는 이상은 내 돈은 여전히 그 자리에 있기 때문입니다. 만약 정상적인 부동산투자를 했다면, 투자 수익을 벌어들이는 속도 차이가 날 뿐, 투자 실패는 거의 존재하지 않습니다. 땅값은 떨어지지 않기 때문입니다.

스노볼 효과를 통한
부 축적

돈이 돈을 낳는다.
돈이 돈을 번다.

_ 존 레이

5단계부터는 본격적으로 돈을 버는 단계입니다. 종잣돈을 마련하고 투자하는 이유는 스노볼 효과를 누리기 위한 것이기 때문입니다. 부자들이 부자가 되는 결정적인 원리도 바로 이 스노볼 효과 때문입니다. 스노볼 효과는 눈덩이를 뭉치면 뭉칠수록 점점 더 커지는 효과를 말합니다. 앞 4단계에서 하나의 파이프라인이라도 구축이 됐다면, 스노볼 효과를 체감하며 2번째 파이프라인을 구축할 때 걸리는 시간을 단축할 수 있습니다.

가령 2,000만 원 정도의 종잣돈을 모으는 데 2년이 걸렸다고 가정해 보겠습니다. 매매가 1억 원, 보증금 1,000만 원에 월 70만 원 받는 오피스가 있습니다. 대출금과 보증금 그리고 대출 이자까지 제하면 실투자금은 2,000만 원에, 실제 월세 40~50만 원 정도를 받게 됩니다. 이 경우 월세로만 1년에 480만 원~600만 원 정도를 벌게 됩니다.

첫 종잣돈 2,000만 원을 2년 동안 모으기 위해서는 매월 약 80만 원씩 저축해야 했습니다. 현재 월세 소득으로 매월 최소 40만 원이 추가로 더 생겼기 때문에, 2,000만 원을 모으는데 1년 4개월(16개월)로 줄어들게 됩니다. 24개월에서 8개월이 줄어든 16개월이 된 것입니다. 같은 방식으로 3번째 투자금 마련을 위해서 걸리는 시간은 12.5개월이 걸립니다. 그리고 월세는 매년 조금씩 상승하기 때문에, 더 빠르게 종잣돈을 마련할 수 있습니다. 결국, 그다음 투자, 그다음 투자는 더욱 빠르게 진행됩니다. 처음에 모으고 버는 것이 다소 어려워 보이지만 스노볼 효과를 누린다면, 나의 자산 증가 속도는 매우 빠르게 진행됩니다.

5단계 프로세스의 스노볼 효과를 더욱 빠르게 진행하기 위해서 더 큰 규모의 투자를 하면 됩니다. 2,000만 원 정도의 투자를 소액투자라고 한다면, 1억 원 이상의 규모 있는 투자를 하면 더 빠른 파이프라인을 구축할 수가 있습니다. 이런 식으로 스노볼을 더욱 빠르고 크게 만들 수가 있습니다.

스노볼 효과를 누리기 위해서 항상 명심해야 할 점이 있습니다. 눈

뭉치를 처음에 만들기 위해서는 손이 매우 차가울 수밖에 없습니다. 그 차갑고 아픈 시간을 견뎌야 합니다. 그리고 처음부터 눈이 단단하게 뭉쳐지지 않으면 부서지거나 금이 갈 수도 있습니다. 그때는 기본을 더 단단하게 만들어야 합니다. 그러다 보면 어느 순간 내 눈덩이는 급속도로 커지고 내가 슬슬 밀어도 내 눈 뭉치는 더 커지게 될 것입니다. 스노볼 효과를 통해서 더 큰 부를 이루는 법칙을 깨닫기 바랍니다.

———— 6단계 ————
꼬마빌딩의
주인부터

꿈이 있느냐 없느냐는 2~5년 동안은 차이가 없다.
하지만 10년 후, 20년 후에는 눈에 띄게 달라진다.
_『빌딩부자들』 중에서

 스노볼이라는 무기가 있고, 투자를 지속한다면 건물주가 되는 것은
순간입니다. 다만 안타까운 점은 여러 파이프라인을 만드신 분들이
꼬마빌딩으로 넘어오지 않는 경우가 있습니다. 아무래도 먹고 살기가
편해졌으니까 멈추는 경우라고 할 수 있겠습니다. 하지만 잘 생각해
야 합니다.

 파이프라인 10개를 만들었다고 보았을 때, 10개의 파이프라인을
일일이 신경 써야 합니다. 아무리 일하지 않고 버는 구조라고 해도 이
따금 신경 쓰고 관리할 것이 있습니다. 만약 개수가 20개 넘어가면 부

동산으로 돈 벌기 위해서, 할 일이 많다고 느끼실 수 있습니다.

만약 20개의 파이프라인이 하나의 건물 안에 들어가서 한 번에 관리할 수 있다면 어떨까요? 그리고 그 관리를 전문 관리단 같은 곳에 위임을 준다면 어떨까요? 그렇게 할 경우 신경 쓸 일이 많이 줄어듭니다. 그래서 파이프라인 여러 개를 가진 경우, 차츰 빌딩 투자 방향으로 옮겨 가야 합니다. 빌딩 투자가 중요한 또 다른 이유는 소유한 땅의 지분이 내 하나하나의 파이프라인보다 훨씬 크다는 것입니다. 이 땅이 많다는 것은 시세차익형으로 돈을 크게 벌 가능성을 가지고 있다는 것을 말합니다. 앞서 말씀드렸지만, 땅값은 떨어지지 않습니다. 땅이 부동산 가격을 올리기 때문에, 땅을 많이 가진 사람이 부동산에서 승리자라고 할 수 있습니다.

파이프라인을 유지하면서 벌어들이는 수익을 잘 모아서 건물에 투자해야 합니다. 결국에는 빌딩으로만 이루어진 파이프라인은, 관리나 향후 벌어들이는 수익 구조에서 유리한 점이 많습니다. 그리고 규모의 경제를 통해서 더욱 더 큰 부동산 부자가 될 것입니다.

꼬마빌딩이란 빌딩중개업자 임동권 대표가 처음 이야기한 것으로, 연면적 1,000㎡(300평) 이하, 5층 전후에 가격은 10억 원부터 50억 원 정도의 건물을 말합니다. 금액대가 10억 원이 넘어가기 때문에 처음부터 소액 투자자가 쉽게 접근하기는 어렵습니다. 앞서 이야기한 파이프라인을 거쳐서 꼬마빌딩주가 돼야 하고, 이후 여러 꼬마빌딩을 통해서 결국 더 큰 건물주가 돼야 합니다. 그리고 '건물주=돈을 쉽게 많이 버는 사람'의 등식으로만 생각하지 않아야 합니다. 건물주가 되면 돈을 많이 벌게 되는 것은 사실입니다. 하지만 쉽게 버는 것은 아닙니다. 기존 파이프라인들과 다르게 더 많은 것을 알아야 하고 더 많은 부동산 공부를 해야 합니다.

건물주 돼서
경제적 자유 얻기

조물주 위에 건물주,
그 이름 갓물주

'건물주 되기' 마지막 프로세스로, 우리의 최종 목표인 100억 원 이상의 건물주가 되는 것입니다. 100억 원 이상의 건물주를 슈퍼 건물주라고 부릅니다. 시쳇말로 갓물주입니다. 앞 6단계 꼬마빌딩 프로세스부터는 법인을 설립해서 매수를 진행할 수 있습니다. 이 경우는 세금을 절세하기 위해서 법인을 선택할 수도 있고 안 할 수도 있습니다. 편하게 운영하려면, 위임을 맡기거나 임대관리 전문 업체에 맡겨도 됩니다. 다만, 관리 위임 시 비용이 발생하기 때문에 내 수익률을 잘 따져서 위임을 결정해야 합니다. 그리고 법인을 설립하지는 않아도 빌딩을 소유하고 관리

할 수 있습니다. 매도 시기, 재산 규모, 세금을 잘 고려해서 임대사업의 운영 형태를 결정해야 합니다.

이제 건물주가 되고, 거기서 나오는 수입으로 경제적 자유를 얻을 수가 있습니다. 물론 큰 건물을 소유하기 위해서는 그만큼 신경 쓸 일도 생기기 시작합니다. 하지만 거기서 나오는 월세 소득과 시세로 벌어들이는 소득은 보통의 중소기업 수익에 버금갑니다.

우스갯소리로 조물주 위에 건물주라는 말이 있습니다. 그만큼 사람들 머릿속에 건물주의 위치가 어느 정도인지 예상이 됩니다. 또 몇 해 전 실시한 취업포털 사이트 조사에 따르면, 사람들 꿈의 직업 2위가 건물주가 등재될 만큼 건물주는 많은 사람의 선망 대상이기도 합니다.

2021년 통계청 자료에 의하면 대한민국의 건물 총 수는 720만여 개에 이르고 거기서 우리가 목표로 하는 주거용을 제외한 건물의 숫자는 약 260만여 개에 이릅니다. 이 숫자에 따르면 건물주가 2백만 명이 넘는다는 것입니다. 5,200만 한국인 중 누군가는 건물주가 돼서 경제적 자유를 누리고 다른 누군가는 경제적 노예가 돼서 남 밑에서 일평생 뼈 빠지게 일합니다. 심도 있는 공부와 실천을 통해서 우리 모두 건물주가 돼야 하지 않을까요? 한 번뿐인 인생에서, 우리 자녀만큼은 경제적 자유와 시간의 자유를 누리게 해줘야 하지 않을까요?

이제 당신 자녀와 당신이 건물주가 될 차례입니다.

PART 2

강남 건물주 부모들의
시크릿 경제 교육

진심으로 내 자녀가 돈을 많이 벌게 하고 싶다면,
스카이를 보내기 위한 대입 공부가 아닌
제대로 된 부자 경제 교육을 해야 한다

이제 부모가 자녀에게 꼭 전달해야 하는 경제 이야기를 하고자 합니다. 이미 다 알고 있는 내용이라면, 쉽게 자녀에게 전달할 수 있을 것이고 만약 이해가 안 된다면 2번 3번이라도 읽어서 자녀에게 알려 줘야만 합니다. 저 역시도 이번 장의 내용을 미리 알았다면, 인생의 많은 시간을 허비하지도 않았을 것이고, 더 빨리 부자의 길에 들어섰을 것입니다. 이 내용은 부자들이라면 이미 몸으로 깨우치고, 자녀들에게 필수적으로 알려주는 것입니다.

부자들을 대상으로 컨설팅을 진행하면서, 그들과 이야기할 기회가 많이 있었습니다. 그럴 때마다 제게 꼭 물어보는 것이 있습니다. 경제를 제대로 알고 있냐는 것이었습니다.

막상 경제가 무엇인지 대답하기가 매우 곤란합니다. 그러나 부자들이 말하는 경제는 우리가 알고 있는 신문 지면의 어려운 경제도 아니고, 학교 시험을 위한 경제도 아닙니다. 바로 돈을 벌기 위한 경제를 말하는 것입니다. 많은 경제 이야기가 있지만, 그중에서 정말 정말 중요한 지식을 공유하고자 합니다. 자본주의를 살아가는 우리에게 있어서 이런 이야기를 아는 것과 모르는 것의 차이가 크게 납니다. 만약 어릴 때부터 돈 버는 지식을 습득한다면, 빠르게 부자의 길로 들어설 수가 있습니다.

1

학교에서 알려주지 않는
진짜 부자들의 경제 공부

1) 대학입시보다 돈 공부가 먼저다

중요한 건 돈이야, 돈! 이 멍청아!

_빌 클린턴

근래 방영된 인기 드라마 〈스카이캐슬〉과 〈펜트하우스〉를 이야기
해 보겠습니다. 두 드라마가 인기를 끌게 된 이유에는 '교육'이 있습니
다. 대입을 준비하는 아이들과 필사적으로 아이들을 지원하는 부모
들의 이야기가 꽤 충격적이었습니다. 드라마에 나오는 엄마는 자식을
무슨 수를 써서라도 서울대에 보내려고 합니다. 어떻게 해서든 서울
대에 보내기 위해서 목숨 거는 장면이 나옵니다. 그런데 놀라운 사실

은 한국의 엄마들이 이 장면에 매우 공감한다는 것입니다. 공감한다는 것은 무엇을 말하는 것일까요? 나 역시도 무슨 수를 써서라도 스카이SKY(서울대, 고려대, 연세대)에 내 자녀를 보내고 싶은 것이 아닐까요? 다시 물어보겠습니다. 왜 내 자녀를 스카이에 보내려고 하시나요? 스카이에 꼭 가야 하는 이유 3가지만 대봤으면 합니다. 답변을 해보셨나요? 예상 답변은 다음과 같습니다.

1. 좋은 대학 가면 취업이 잘되니까
2. 성공할 확률이 높아지니까
3. 좋은 인맥을 만들기 위해서

이 정도가 아닐까요? 위와 같은 답변이 나온 이유는 무엇일까요? 답은 하나입니다! 돈을 많이 벌기 위해서입니다. 대한민국에서 부자가 되기 위한 가장 고전적인 공식은 "좋은 대학→좋은 취업→돈을 잘 번다."입니다.

물론, 우리나라 시스템 내에서는 스카이 출신이 돈을 더 벌 확률이 높습니다. 하지만 확실히 알아 둘 것은 스카이와 비-스카이 출신의 연봉이 크게 차이가 나지 않는다는 것입니다. 우리네 부모님 시절만 해도 차이가 있었습니다. 하지만 시간이 지날수록 스카이 출신이든 비-스카이 출신이든 벌어들이는 소득 격차는 점점 줄어들고 있습니다. 오히려 정보화 시대가 되면서, 자신만의 무기나 강점 없으면 스카이든, 비-스카이든 큰돈을 벌 수가 없습니다. 어떤 부모님들은 이렇게도 말씀하실지도 모릅니다. "스카이 출신이라고 많이 벌지 않는 건 이미 알고 있어요. 나는 스카이가 중요한 게 아니라 의대나 법대를 보내야 하기 때문에, 내 아이 공부를 열심히 시켜야 해요."라고 말입니다.

맞습니다. 스카이보다 한 단계 점수가 높은 학생들이 가는 곳이 의대와 법대입니다. 그러면 왜 의대와 법대를 보내려고 하는 건가요? 의사, 변호사가 일반 직장인보다 더 많이 벌 수 있기 때문이 아닐까요? 그렇다면 결국 의대나 법대를 보내고 싶은 이유도 결국 돈 때문이 아닐까요? 여기까지 말하면 좋은 직업의 기준은 결국 '돈'이라고 이야기할 수 있습니다.

그렇다면 우리가 알고 있는 대기업보다 더 좋은 직업이라고 불리는 의사나 변호사가 정말 돈을 잘 버는 직업일까요? 사법고시가 폐지되고 로스쿨 제도가 생겨난 후 변호사의 숫자는 매우 많아졌습니다. 변호사 간의 경쟁이 치열해 졌고, 변호사 개인의 영업력에 따라 수입 차이가 큽니다. 심하면 변호사가 대기업 직원보다 못 버는 경우도 있습니다. 의사의 경우, 개업 의사인가, 월급쟁이 의사인가 따라 다르겠지만, 적게 벌어도 월 천만 원 이상 번다고 합니다.

그렇다면 다시 물어보겠습니다. 의사 중에 부자가 얼마나 있을까요? 그리고 경제적 자유를 누리고 있는 의사는 얼마나 될까요? 이 책에서 말하는 부자의는 최소 50억 원 이상을 소유한 사람, 큰 부자는 100억 원 이상을 소유한 사람입니다. 의사, 변호사, 대기업 평균 연봉으로 계산해 봤을 때, 10년 이내 부자가 될 수 있는 직업은 하나도 없습니다. 크게 잡아 한 달에 1억 원씩 번다고 해도, 50억 이상의 부자가 되려면, 5년 넘게 걸립니다. 하지만 의사 중에서 한 달에 1억 원씩 버는 사람이 과연 몇 퍼센트나 될까요?

이제 진짜 부자들 이야기를 하겠습니다. 제가 알고 지내는 부자 중에서 스카이 출신은 매우 드물었습니다. 부동산 부자 50위 순위 중에 서울대 출신은 1명, 고려대나 연세대 출신은 5명 정도였습니다. 스카이 출신이라고 해도 진짜 큰 부자에 속하는 사람은 손에 꼽습니다. 더군다나 대기업 CEO들의 학력을 보면 대학을 안 나온 경우도 많습니다. 요즘 신흥 젊은 부자들을 봐도 비-스카이 출신이 더 많고, 오히려 대학 중퇴자도 있습니다. 제가 존경하는 한 회장님도 고려대학교에 입학했으나 부자가 되기 위해서 대학 2학년 때 자퇴를 했습니다. 자퇴 후에 노점 장사부터 시작해서 현재 큰 부자가 됐습니다. 이런 사례가 매우 많습니다. 21세기 정보화 사회에서는 대학이나 직장을 다니지 않아도 부자가 된 20대가 많이 있습니다. 사회가 이렇게 변해가고 있는데 여전히 자녀를 스카이에 보내고 싶은가요?

스카이든 의대든 법대든 그리고 좋은 대학에 보내고자 하는 이유는 결국 좋은 곳에 취직해서 돈을 잘 벌기 위한 것이 목적입니다. 아무리 좋은 학벌에, 좋은 회사 같은 고스펙을 지녀도 돈을 잘 벌지 못한다면, 자녀에게 열심히 공부시키는 것이 무슨 소용이 있을까요? 우리네 아버지 세대처럼 더는 학교, 회사의 스펙이 경제적 성과로 이루어지지 않습니다. 부모 세대는 그 윗세대로부터 제대로 된 경제 교육을 받지 못했습니다. 가난하지만 힘들게 자녀를 키워왔습니다. 그들이 살아온 시대는 학벌 이외에는 자신의 능력을 보여줄 방법이 없던 시절이었습니다. 그렇기에 자녀들에게 무조건 "공부 열심히 해라, 좋은 대학가라, 취업해라."라고 외칩니다.

자녀가 큰 부자가 되길 바란다면 스카이에 보내지 말아야 합니다. 공부에도 목적이 있어야 합니다. 그리고 그 목적을 달성하기 위해 스카이에 들어가는 것이 꼭 필요하다면 스카이에 가야 합니다. 그런데 그 목적이 돈이라면 스카이에 갈 이유가 없는 것입니다.

진심으로 내 자녀가 돈을 많이 벌게 하고 싶다면, 스카이를 보내기 위한 대입 공부가 아닌 제대로 된 부자 경제 교육을 해야 합니다. 그래야 내 자녀가 부자가 될 확률이 높아지고, 자본주의 노예 생활을 안 할 수가 있습니다.

2) 부자가 되기 위한 5가지 파이프라인

> 자는 동안에도 돈을 버는 시스템을 만들지
> 못하면 당신은 일평생 일해야 할 것이다.
> _워런 버핏

돈이 돈을 버는 시스템, 파이프라인, 패시브인컴…. 위의 말들은 다 같은 말입니다. 부자가 되기 위한 첫 번째 원칙, 바로 돈 버는 시스템을 만드는 것입니다. 이 책에서는 '파이프라인'이라는 말을 사용하겠습니다. 앞 장에서 사람들이 좋은 대학과 직장만으로는 돈을 많이 벌수 없다고 이야기했습니다. 그렇다면 이런 질문이 나올 수가 있습니다. "돈은 어떻게 하면 많이 벌 수 있는 건데요?"

첫 번째로 작품을 통한 지속적 수입 창출입니다. 작가나 작곡가들이 작품을 한 번만 내도 인세나 저작권 사용료로 돈을 계속 벌 수 있습니다. 작가나 작곡가는 아무나 쉽게 되는 것이 아니었고, 판매를 할 수있는 시장도 매우 제한적이었기 때문에 평범한 사람은 접근하기 힘들었습니다. 하지만 정보화 시대에는 일반인도 작품 활동으로 쉽게 돈을 벌 수 있게 됐습니다. 블로그, 전자책 등을 통해서 많은 사람을 만날 수 있게 됐고, 자신의 재능이나 경험을 하나의 기록하는 형태만으로도 돈을 벌 기회가 생겼습니다. 중요한 것은 자신이 한 번만 만들어 놓으면 계속해서 수익 창출이 될 수 있는 통로를 누구나 만들 수 있다는 것입니다.

두 번째로 광고 수익입니다. 과거의 광고는 방송국 같은 언론 기능을 가진 회사만이 누릴 수 있는 형태였습니다. 하지만 개인 미디어 시대가 발달하면서 유튜브 같은 플랫폼 기반으로 자신의 콘텐츠가 유명해지기만 하면 광고가 붙고, 지속적으로 수익이 창출되는 시대가 됐습니다.

세 번째로 온라인 상거래를 통한 유통망 활용입니다. 이제는 누구나 쉽게 온라인 마켓을 통해서 자신의 상품을 매매할 수가 있습니다. 때문에 상품만 올려놓아도 24시간 홍보가 되고 구매가 돼 돈 벌 기회가 만들어집니다.

네 번째는 주식입니다. 주식의 경우 매우 높은 수익률을 자랑하는 재테크 수단입니다. 다만, 주식투자는 리스크가 크다는 점을 무시할 수는 없습니다.

다섯 번째는 바로 부동산입니다. 내가 물건을 한 번만 사면 월세의 형태로 나에게 계속 돈을 벌어다 줍니다. 안정적인 투자 방법이면서 많은 부자가 가장 선호하는 방식입니다. 다만, 처음 투자금이 다소 많이 들어가기 때문에, 진입장벽이 있습니다.

자는 동안 돈을 버는 시스템은 점점 더 많아지고 있습니다. 알고 조금만 노력하면 직장 급여 외 돈을 더 벌 수 있는 시대가 도래했습니다. 예전 시대에는 돈 버는 방법은 월급쟁이 아니면 사업이라는 것밖에 없었습니다. 하지만 위 두 방법만 고수하는 시대는 지나갔습니다. 그렇다면 위 5가지 중 어떤 것이 가장 좋은 파이프라인 방법일까요? 정답은 부동산입니다. 부동산투자로 파이프라인을 구축해야 합니다.

그 이유는 명확합니다. 5가지 방법 중에서 첫 번째부터 세 번째 방법까지는 인터넷 기반 사업입니다. 과거와는 다르게 더 편하게 일을 할 뿐 사업의 영역에서 크게 벗어나지 못합니다. 이전부터 사업은 확 뜨기 전까지는 많은 노동과 시간이 들어갑니다. 그리고 많은 돈을 벌 수도 없습니다. 그렇기에 쉬운 영역이 아닙니다. 인터넷 기반 사업의 이면을 조금 알려드리면, 인터넷으로 유명해진 사람은 매우 많이 벌게 돼 있습니다. 하지만 확 뜨기가 쉽지는 않습니다. 그리고 유명해지기 전까지는 일반 직장인보다 훨씬 더 많은 시간과 노동을 투자해야 합니다. 그래서 저는 인터넷 기반 사업은 사업이지 파이프라인에 속한다고 이야기하지 않습니다.

네 번째 방법인 주식을 보겠습니다. 장기 투자를 할 경우, 안정적이며 고수익을 거둘 확률이 높습니다. 워런 버핏의 투자 방식으로 잘 알려진 유망주의 장기 투자 방식은 좋은 재테크 방법입니다. 하지만 정신 수양이 필요하고, 단타 투자가 되지 않도록 항상 자신을 제어해야 합니다. 더구나 주식의 수익률은 일정하지 않습니다. 투자한 회사의 사정에 따라 올해와 내년의 주식 가치가 달라지기 때문입니다.

부동산의 경우가 진정한 파이프라인이라고 할 수 있습니다. 월세를

서울대 가기보다 쉬운 내 아이 건물주 되기

받는 부동산의 경우에는 큰 이변이 일어나지 않는 이상, 월세는 거의 고정적으로 받습니다. 물론 시간이 지나거나 주변 환경에 따라 다소 변동은 있을 수 있지만, 다른 투자 대상보다 가장 안정적이고 가격 변동을 예측할 수 있습니다. 그래서 부동산투자로 3년, 5년 10년의 뒤의 미래를 가늠해 보고 부자 계획을 세울 수가 있는 것입니다.

직장인, 사업가, 투자가. 당신은 어떤 것을 선택하시겠습니까? 3개를 다 동시에 할 수도 있고, 2개를 할 수도 있고, 1개만 할 수도 있습니다. 중요한 것은 마지막까지 내가 무엇을 해야 하고, 무엇을 통해서 돈을 벌어야 하는지를 알아야 한다는 것입니다.

직장인이 되기 위해서 초, 중, 고, 대학교까지 보통 12년에서 16년을 공부합니다. 그렇다면 진정한 부자가 되기 위해서 투자가가 되기로 선택했다면 공부를 해야 하지 않을까요? 직장인이 되기 위해 오랜 시간 공부를 한 것만큼, 투자가가 되기 위해서 거기에 맞는 공부를 해야 합니다. 학교에서는 절대로 알려주지 않습니다. 스스로 공부할 거리를 찾고 알아서 공부해야 합니다.

파이프라인의 구축은 어떤 방법을 통해서든 무조건 해내야 합니다. 그래야만 일평생 남의 밑에서 노예처럼 일하는 것이 아니라 자신이 하고 싶은 일을 하면서 살아갈 수 있습니다.

3) 빚을 져도 괜찮다고? 빚의 비밀

부자는 돈을 벌기 위해 대출을 받는다.

_강남 건물주 박○○ 대표

부동산 컨설팅을 하다 보면 다양한 사람을 만나게 됩니다. 재미있는 점은 나이가 드신 분들일수록 빚지는 것을 싫어하시는 분이 매우 많다는 사실입니다. 빚을 지면 마치 죄지은 것처럼 생각하거나, 빚은 곧 가난이라고 생각합니다. 이 분들의 생각까지 바꿔드릴 의사는 없지만, 이런 생각이 자신들의 자녀에게 영향을 미치는 것은 매우 안타까운 일입니다.

빚이 무엇인가요? 남에게 빌려 쓰는 돈입니다. 빌리는 대가로 내는 게 이자입니다. 이 이자 때문에 사람들은 빚을 지면 안 된다고 생각합니다. 이자는 곧 손해라고 생각하기 때문입니다. 그렇다면 내가 돈을 빌리고 그 돈을 이용해서 내야 할 이자보다 더 많은 돈을 번다면 빌리는 것이 맞을까요? 아니면 빌리지 않는 것이 맞을까요? 저는 단돈 1만 원이라도 더 벌 수 있다면 돈을 빌리는 것이 옳다고 생각합니다.

실제로 돈을 빌려서 돈을 버는 방식은 사업하는 사람한테는 너무나 당연한 이야기입니다. 하지만 사업 실패 시 많은 빚을 지고 파산했다는 이야기도 들어본 적 있을 것입니다. 이런 이야기는 빚에 대해 부정적인 인식을 우리에게 주게 됩니다. 더불어, 언론에서도 빚과 압류, 빨간 딱지, 빚쟁이, 사채, 실패 같은 단어를 연결해서 빚은 나쁜 것이라는 인식을 우리에게 심어줍니다. 왜 빚이라고 하면 무조건 나쁘다는 인식만 생겨나는 걸까요?

정답은 우리는 빚과 관련된 실패 사례만 봤기 때문입니다. 빚으로 성공했다 혹은 돈을 벌었다는 이야기를 들어보지 못해서입니다. 보통 성공하고 잘 된 사람은 말하지 않습니다. 실패한 사람만이 부각되고, 남의 입에 오르내리게 됩니다. 빚으로 성공한 사람은 조용히 있습니다. 저 역시도 부동산투자의 길을 걷기 전까지는 빚에 대해서는 부정적인 인식이 컸습니다. 하지만 전문 부동산투자자들과 부동산 부자들을 만나면서 생각이 완전히 바뀌게 됐습니다.

빚에는 좋은 빚과 나쁜 빚이 있습니다. 쉽게 이야기했을 때 나쁜 빚이란 빚을 져도 소모성으로 다 사라져서 갚아야 할 돈을 말합니다. 대표적인 예가 우리가 사용하는 신용카드입니다. 미리 빌려 쓰고 이후에 갚아야 하는 일종의 금융 시스템입니다. 좋은 빚은 빚으로 더 많은 돈을 벌 수 있는 빚을 말합니다. 부자들이 말하는 빚은 바로 좋은 빚입니다. 빚을 잘 활용하면 더 빠르게 더 많은 돈을 벌 수가 있습니다.

5억 원짜리 아파트가 있습니다. 그리고 나는 1억 원을 가지고 있습니다. 은행으로부터 4억 원을 대출을 받고, 내 돈 1억 원을 투자해서 그 아파트를 구매합니다. 연이율 3%라고 가정 시, 4억 원 대출금에 따라 1년에 1,200만 원의 돈(이자)을 갚아야 합니다. 아파트는 1년 뒤에

6,000만 원이 올랐습니다. 그렇다면 4,800만 원의 이득을 얻습니다. 이런 식의 계산법으로 부자들은 대출을 받아 투자합니다. 단, 조심할 점은 무리한 대출을 받는 것입니다. 최소한 이자만큼은 내가 감당할 수준으로 대출을 받아야 합니다. 그리고 투자하려는 상품 및 물건의 정확한 분석이 필요합니다. 아무거나 무턱대고 투자하는 게 아니라, 연구하고 거기에 맞춰서 투자해야 합니다. 만약 필요하다면 전문가와 상담을 하는 것도 매우 좋은 방법입니다.

이렇게 부자들은 좋은 빚을 최대한 활용해서 더 많은 돈을 버는 데 집중합니다. 그리고 그들이 받을 수 있는 모든 빚을 받습니다. 큰 부자치고 빚이 없는 부자는 없습니다. 부자들은 돈이 묶이는 것을 매우 싫어합니다. 그래서 부자들은 젊은 시절 월세를 살아도, 생겨난 목돈은 투자를 합니다. 빚을 져서 투자하는 기법을 '레버리지'라고 합니다. 이때까지 빚에 대해서 안 좋은 이미지가 있었다면, 곰곰이 생각해 보시기 바랍니다. 살아오면서 나쁜 빚의 이야기만 들어서 일지도 모릅니다.

회사를 봐도 그렇고 부자들도 그렇고 모두 빚을 집니다. 그리고 더 많은 돈을 법니다. 개인인 우리도 빚을 져서 돈 버는 방법을 알아야 합니다. 그리고 빚을 이용해서 더 많은 돈을 벌어야 합니다. 레버리지 방법을 이용할 줄 알아야 하고, 이 방법을 우리 삶에 적용해서 부자의 길로 들어서야 합니다.

4) 돈은 어디서 태어나고, 물가는 왜 오를까?

> 가장 큰 죄악과 가장 나쁜 범죄는 가난이다.
> _G.B. 쇼

이번에 알려드릴 내용은 조금은 어려울 수도 있습니다. 하지만 반드시 알아야 하는 내용이기에 몇 번을 반복해서 읽기를 바랍니다. 학교에서는 절대 가르칠 수 없는 내용입니다. 이 내용을 알게 됐을 때, 자본주의 시대에 그저 평범하게 살고 있다는 데에 깊이 반성할지도 모릅니다. 이 내용을 다 이해하게 되면, 반드시 자녀에게 이 내용을 전달해 주기를 바랍니다.

지폐공사에서만 돈을 찍는 게 아니다

돈은 대체 어디서 만들어질까요? 보통 사람들은 지폐공사라고 말합니다. 네, 화폐를 찍어내는 곳은 지폐공사가 맞습니다. 하지만 지폐공사 외에도 돈을 또 만들어내는 곳이 있습니다. 참고로 이 돈은 눈에 보이지 않습니다. 어떤 이야기일까요? 우선 아래 예시를 들겠습니다.

당신은 집 한 채를 구매하려고 합니다. 집의 가격 10억 원입니다. 그런데 당신은 2억 원밖에 없습니다. 그래서 당신은 은행으로부터 8억 원을 대출 받습니다. 은행은 당신에게 8억 원을 빌려줬습니다. 그럼 은행은 이 8억 원이 어디에서 생겨난 걸까요? 은행 자체에 돈이 많기 때문일까요? 그렇지 않습니다. 은행이 당신에게 빌려준 돈은 다른 사람의 돈입니다. 그렇다면 은행은 돌려 막기 하듯이 돈을 계속 빌려주는 것일까요?

원리는 이렇습니다. 정부는 은행이 가지고 있는 돈보다 더 많은 돈을 빌려주는 것을 허락합니다. 가령 은행은 10억 원이라는 돈을 가지고 있습니다. 이 중 10%만 남기고, 나머지 90%는 다른 사람에게 빌려주고 이자를 받을 수 있도록 정부가 허가한 것입니다. 이 10%의 비율을 지급 준비율*이라고 합니다. 지급 준비율 기준을 정하고, 은행은 그 기준 내, 계속해서 사람들에게 돈을 빌려줄 수 있는 것입니다.

그림1을 살펴보겠습니다. 처음 은행은 10억 원밖에 없습니다.

한 사람에게 1억 원을 제외한 9억 원을 빌려줬습니다. 그 돈을 받은 사람은 다시 은행에 이 돈을 예금합니다. 은행은 이 돈을 10% 제외하고 8억 1천만원을 다른 사람에게 빌려주게 됩니다. 그 사람은 다시 예금합니다. 그러면 은행은 그 돈의 10%인 7억 2천 9백만 원가량을 다른 사람에게 빌려주게 됩니다. 이런 식으로 계속 돌고 돌면, 은행은 처음에는 10억 원을 빌려줬지만, 최종적으로 100억 원의 돈을 빌려주게 됩니다. 결국 시중에는 처음 10억 원이 아닌, 100억 원의 보이지 않는 돈이 돌게 되는 것입니다.

---

* 지급 준비율: 은행이 고객으로부터 받아들인 예금 중에서 중앙은행에 의무적으로 적립해야 하는 비율

서울대 가기보다 쉬운 내 아이 건물주 되기

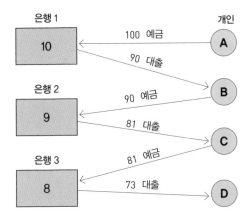

|그림 1|

이제 이해가 되나요? 보이는 돈보다 보이지 않는 돈의 양이 훨씬 많습니다. 현재 자본주의 체제를 갖춘 나라들은 다 이런 방식으로 돈을 운영하고 있습니다. 보통 사람들은 시중에 거래되는 돈의 총량이 정해져 있다고 생각합니다. 하지만 앞에서 보았듯이, 돈의 총량은 정해져 있지 않습니다. 자본주의 체제 내에 국가와 은행의 방식에 따라, 사회에 도는 돈의 흐름에는 보이지 않는 돈이 훨씬 더 많습니다.

보이지 않는 돈에 대해서 말하는 이유는 돈이 돌아가는 흐름을 이해하기 위해서입니다. 앞으로 돈을 투자할 때도 눈에 보이는 화폐가치만을 따지는 것이 아니라, 보이지 않는 돈의 흐름과 가치를 따질 줄 알아야 합니다. 이런 가치 흐름 투자에 익숙해지게 되면, 남이 보지 못

하는 것을 보게 되고, 옥석을 가리는 능력을 키우게 됩니다.

돈이 계속 늘어나는 이유

앞의 개념을 정확하게 이해했다면 돈의 총량은 정해져 있지 않고 계속 늘어나는 것임 알 수 있습니다. 조금 더 자세히 알아보겠습니다. 이해를 돕기 위해 한 가지 예를 들겠습니다.

LAND라는 나라가 있습니다. LAND 나라의 중앙은행에는 딱 만 원만 있습니다. 중앙은행은 A에게 10,000원을 빌려주었습니다. 그리고 대출 이자로 연 5%를 요구했습니다. 그러면 A는 중앙은행에게 10,500원을 갚아야 합니다. 하지만 이 나라에는 10,000원 밖에 없습니다. 결국 A는 절대 이 돈을 갚을 수 없습니다. 중앙은행에게 돈을 갚으려면 A는 다른 누군가로부터 500원의 돈을 받아야 합니다. 그러기 위해서 중앙은행은 B에게 돈을 500원의 돈을 빌려줄 수밖에 없습니다. 그러기 위해서 중앙은행은 계속 돈을 만들어내야 합니다. 그래야만 B는 A에게 돈 500원을 주게 되고 A는 중앙은행에게 10,500원을 갚을 수 있습니다. 결국 은행은 이자를 통해서 돈을 벌기 위해서는 계속 돈을 만들어내고, 사람들에게 돈을 빌려주고 또 더 찍고 빌려주게 돼 있습니다. 이게 자본주의 기본적인 경제 시스템입니다. 돈은 계속 늘어나고 있고, 당신이 이 책을 읽고 있는 이 순간에도 돈의 총량은 계속 늘어나고 있습니다.

서울대 가기보다 쉬운 내 아이 건물주 되기

|그림 2| 연도별 시중 통화량 추이

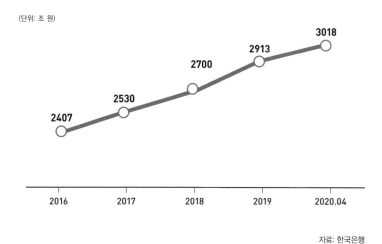

(단위: 조 원)

자료: 한국은행

그림2 그래프를 보게 되면, 한국도 마찬가지로 통화량이 매년 마다 증가하고 있다는 것을 알 수 있습니다.

돈의 가치가 떨어지는 이유

앞에서 보았듯이 돈의 양, 즉 통화량은 매년 늘어나고 있습니다. 그러면 어떤 현상이 벌어질까요? 돈의 양이 늘어나게 되면 돈의 가치는 상대적으로 떨어지게 돼 있습니다. 즉 수요와 공급의 법칙으로 돈의 양이 늘어나면 돈은 더 부족한 물건이 아니게 됩니다. 상대적으로 돈의 가치는 떨어지고 돈으로 살 수 있는 물건의 가치는 올라가게 돼 있습니다. 즉, 매년 통화량이 늘어날수록 물건의 가격이 점점 올라가는 것입니다. 그림3 표를 보겠습니다.

| 그림 3 |

	1980년	2020년	상승률
자장면	500원	5,000원	10배
라면	100원	1,300원	13배
소주	200원	1,260원	6배
버스	100원	1,200원	12배
대기업 과장 월급	50만 원	600만 원	12배
서울 아파트	1,200만 원	100,000만 원	83배

40년 사이 물건의 가격은 엄청나게 올라갔습니다. 이것을 다른 말로 물가 상승(=인플레이션)이라고도 합니다. 물가가 상승하는 이유는 여러 가지가 있겠지만, 기본적으로 돈의 양이 많아지면서 돈의 가치는 하락하고 물건값의 가격이 올라가기 때문입니다. 정부는 안정적인 통화량 증가와 물건 가격의 조정을 위해서 매년 물가를 상승시킵니다. 중요한 점은 물가는 통화량 상승분이 반영돼서 매년 올라가게 돼 있습니다.

이제 물가가 올라갈 수밖에 없다는 사실과 그 물가를 올리는 주체에 대해서 알게 됐을 겁니다. 그렇다면 물가 상승이 우리에게 어떤 영향을 미치는지 알아봐야 합니다. 그림3 표에서 라면을 보겠습니다.

40년 동안 13배나 가격이 올랐습니다. 이번에는 대기업 과장 월급을 보겠습니다. 40년 동안 12배 올랐습니다. 같은 기간 동안, 대기업 과장 월급으로 사 먹을 수 있는 라면의 개수는 줄어들게 됐습니다.

이번에는 집값의 물가 상승률을 보겠습니다. 집값은 40년 사이에 83배나 올랐습니다. 만약 40년 전 과장 월급으로 집 사는데 걸리는 시간이 5년 걸렸다고 치면, 현재 집값은 8배나 더 올라갔기 때문에, 집 사는 데 걸리는 시간은 40년입니다. 집값 상승에 공감하지 못하는 분들을 위해 대표사례를 하나 알려드리겠습니다. 강남 대치동 E아파트는 1978년 분양 가격이 34평 기준 2천만 원대였습니다. 현재 가격은 20억 원이 넘습니다. 40년 사이 거의 200배가 상승했습니다. 이외에도 서울에는 훨씬 더 오른 곳도 많이 있습니다.

물가는 계속 올라갑니다. 물론 월급도 올라갑니다. 하지만 물가 상승 대비 월급 상승률이 낮으므로 월급쟁이는 점점 가난해질 수밖에 없습니다. 이것을 상대적인 가난이라고 합니다. 자본주의 시스템에서는 아무리 열심히 살아도 절대로 부자가 될 수 없는 이유가 이것 때문입니다. 그러므로 우리는 자본주의 사회 내 경제활동을 열심히 해도 결국 가난해지는 것입니다. 이미 알고 계셨다면, 이 글이 더욱 공감되셨을 것이고, 모르고 계셨다면, 조금은 충격적이지 않나요?

저는 이런 사실을 알고 나서는, 자본주의 경제 시스템 내에서 열심히 공부하고 직업을 갖는 것만으로 절대 부자가 되지 않다는 것을 많은 분들에게 알려드리고 있습니다. 보이지 않는 돈, 화폐량의 증가, 가치 하락 그리고 상대적인 가난. 이것들은 다 자본주의에서 당연히 있을 수밖에 없는 불편한 진실입니다.

2
건물주들은 집에서
이렇게 경제 교육을 한다

　꼭 알아야 할 중요한 경제 이야기를 알려 드렸습니다. 이야기 속에 담긴 경제의 속살을 알고 나서는 심각해졌을 수도 있습니다. 그러나 경제 이야기는 자녀에게 정확하게 알려줄 것을 권장합니다. 중요하고 반드시 알아야 되는 내용이기 때문에 자녀의 나이에 맞는 교육을 하는 게 바람직합니다.

　부자 부모들의 가장 효과적인 자녀 경제교육 실천 방법을 공유합니다. 전통적인 경제활동 교육 방식과 색다른 교육방식입니다. 그리고 모두 똑같이 적용하기보다는 각 가정의 상황에 맞추어서 교육하기 바랍니다.

1) 용돈으로 경제 교육하는 2가지 방법

> 교육은 원래 가정에서 해야 한다. 부모님 같이
> 자연스럽고 적합한 교육자는 없을 것이다.
> _ 조지 허버트

조기 경제 교육을 실천할 수 있는 최초의 방법이 바로 용돈입니다. 학부모 금융 교육 관련 조사에 의하면, 자녀와 용돈 사용에 관해 이야기하는 부모는 20%도 되지 않는다고 합니다. 부모들은 조기 경제 교육에 관심은 많지만, 방법을 거의 모르고 있습니다. 자녀와 용돈에 대해서 정확하게 규칙과 목표를 정하고, 그 규칙에 따라 자녀를 교육하면 조기 경제 교육의 큰 효과를 볼 수 있습니다.

첫 번째, 용돈을 어떻게 주면 될까?
■ 용돈을 주는 시기와 주기

용돈은 자녀가 돈에 대한 개념을 알 때부터 줘야 합니다. 돈에 대한 개념이란 '돈으로 물건을 살 수 있다.' 정도를 말합니다. 5살 정도만 돼도 돈으로 물건을 살 수 있다는 사실을 압니다. 그러면 그때부터 용돈을 주고 용돈 교육을 해야 합니다. 나이가 어릴수록 돈을 관리하는 게 어렵습니다. 그래서 어릴 때는 용돈을 주는 주기를 짧게 하고 나이가 들수록 주기를 늘려가는 것입니다. 단, 어릴 때부터 돈 관리 훈련이 안

된 아이의 경우, 고학년이라고 하더라도, 용돈 주기를 짧게 해서 용돈 관리하는 습관을 갖도록 옆에서 도와주면 좋습니다.

■ 용돈 금액

아이의 소비패턴, 집안 경제 사정 등을 종합적으로 고려해서 결정해야 합니다. 각자의 사정이 다르므로 각 집에 맞게 합리적으로 결정하면 됩니다. '신한은행 2019 보통 사람 금융 생활 보고서' 따르면 평균 초등학생은 4만 원, 중학생은 8만 원, 고등학교는 10만 원 선 정도를 받는다고 합니다.

■ 기본 용돈 외 보상에 따른 용돈 주기

가정에서부터 돈 버는 경험을 해보는 것은 필요합니다. 단, 기본적으로 해야 하는 가사에는 용돈을 주지 않는 게 좋습니다. 자기 방 청소, 학교 숙제 등의 정리는 당연합니다. 가사일 중에서도 자신이 해야 할 이외에 조금 힘든 일을 할 경우, 기준을 정해서 용돈을 주는 것이 좋습니다. 규칙과 목표를 정한 뒤, 자녀가 약속을 지키는지 꾸준히 지켜만 보아도 용돈의 큰 효과를 거둘 수 있습니다.

두 번째, 용돈 관리 어떻게 시킬까?

■ 저금통(통장)을 활용한 용돈 관리와 저축 방법

자녀 용돈 관리 방법으로 아래 사항을 가장 추천합니다. 우선 돈이 들어오면 3가지 저금통(통장)으로 쪼개는 것입니다. 용돈 외 들어오는 모든 돈(세뱃돈 포함)을 아래와 같이 쪼개는 훈련을 합니다.

① 투자를 위한 저금통(통장):

전체의 30%를 넣어 둡니다. 저축을 해서 더 큰 돈을 벌기 위해 모아 놓는 통장입니다. 투자(재테크)를 위한 통장임을 아이에게 알려주는 게 중요합니다.

② 소비를 위한 저축 저금통(통장):

전체 60%는 소비하는 저금통으로 내 생활비나 내가 원하는 것을 사는 것입니다.

자녀가 원하는 것을 소비하게 합니다. 즉 나를 위한 소비 저금통이라고 할 수 있습니다.

③ 기부/베풂 저금통(통장):

10%는 기부 통장에 넣어서 기부하는 습관을 만들어 줍니다.

이 저금통은 남을 위한 소비 저금통입니다

■ 용돈 기입장 작성의 필요성

합리적이고 계획적으로 용돈을 관리하기 위해서는 용돈 기입장은 필요합니다.

용돈 기입장을 습관화할 경우, 용돈을 언제, 어떻게 사용했는지 알 수 있습니다. 그리고 계획성 있게 용돈을 관리하는 습관도 들일 수가 있습니다.

2) 게임으로 부자가 되는 법을 알려줄 수 있다

> 가난한 아빠는 어린 아들에게 늘 "숙제는 다 했느냐"고 물었다. 반면 친구 아버지인 부자 아빠는 아들과 '모노폴리 게임'을 하며 놀았다.
> _『부자 아빠 가난한 아빠』 중에서

어릴 적 '부루마불'이라는 보드게임을 해본 적이 있는가요? 일명 땅따먹기 게임으로 주사위를 굴려 해당하는 빈 땅에 도착해서 땅을 사거나, 주인 있는 땅에 도착하면 통행료를 지급하는 게임입니다. 주인은 통행료를 더 받기 위해 그 땅에 빌딩을 지어서 더 비싸게 통행료를 받을 수도 있습니다. 추억의 게임이기도 하고, 현재에는 '모두의 마블'이라는 인터넷 게임으로도 잘 알려져 있습니다. 기본적으로 땅을 사고 건물을 짓고 하며 상대방을 파산시키면 이기는 게임입니다. 이 게임을 즐기다 보면 자연스럽게 경제 공부를 하게 됩니다.

『부자 아빠, 가난한 아빠』 책을 보게 되면 저자인 로버트 기요사키는 9세에서 15세 때까지 '모노폴리' 게임을 통해서 부의 원리를 배웠다고 합니다. 그리고 향후 그는 '캐시 플로우'라는 보드게임을 만들어서 현대판 노예 탈출 게임을 만들기도 했습니다. 모노폴리 게임을 보게 되면, 부루마불보다 더 정교한 경제 법칙을 알게 해줍니다. 기본 부동산을 사는 행위부터, 독점, 경매, 저당의 개념까지 룰에 들어가 있기 때문입니다. 8세 이상부터는 이 게임을 즐길 수 있으므로, 집에서 가족 모두 함께 즐기기에 좋은 보드게임입니다. 저 역시 시간이 날 때 가족들과 이 게임을 즐기곤 합니다.

캐시 플로우 보드게임의 경우 모노폴리보다 더 정교하게 만들어져 있습니다. 실제 소득, 지출, 자산, 부채 개념을 알게 해주고, 이를 잘 활용해서 현실 쳇바퀴 도는 자본주의 경제를 탈출하는 것이 목표입니다. 중학생 이상부터는 캐시 플로우를 즐기면 정말 좋습니다. 단점은 해외 직구로만 구매할 수 있으므로 다소 가격이 비쌉니다. 게임 이야기를 갑자기 해서 조금 당황하셨나요?

경제 이야기만 하다 보니 진지해질 수도 있지만, 사실 확실하게 경제를 알려주는 방법으로는 게임이 최고입니다. 초등 저학년이면 모르겠지만, 아마 초등 고학년 때부터는 부모와 대화가 안 되기 시작할 것입니다. 그리고 좋은 것을 아무리 애쓰고 가르쳐 주려고 해도 잘 받아들이지 않지요. 그럴 때, 말로 하지 말고, 그냥 게임을 하자고 제안해 보세요. 재미있어 할 것입니다. 그리고 살짝살짝 경제 이야기를 해주는 것입니다. 그렇다면 효과가 배가 될 것입니다.

로버트 기요사키는 15세 이후 독립해서 나갈 때 부자 아빠에게 이런 조언을 듣습니다. "모노폴리 게임으로 사고팔았던 부동산을 이제는 현실에서 사고팔 시기가 됐다." 멋지지 않습니까? 우리도 우리 자녀와 모노폴리 게임을 하며 미리 건물주가 되는 경험을 하게 해주고, 결국 현실의 건물주가 돼야 함을 가르쳐 주면 좋지 않을까요?

3) 교과서보다 중요한 2가지

> 독서와 정신의 관계는 운동과 육체의 관계와 같다.
>
> _토머스 앨바 에디슨

■ **책 읽기**

사실 너무 뻔하디뻔한 내용이라서 쓸까 말까 제일 망설였던 부분입니다. 저 역시도 어렸을 때 독서를 좋아하지 않았습니다. 하지만 부자가 되기 위한 가장 기본적인 조건은 독서입니다. 독서를 통해 부자가 될 수밖에 없는 이유를 알려드리겠습니다.

부자 열 명 중에 아홉 명은 독서광입니다. 심지어 돈 버는 일보다 독서를 우선순위로 놓는 부자도 있고, 독서가 돈 버는 일이라고 말하기도 합니다. 독서를 통해 돈을 번다고 말하는 이유는, 내가 원하는 분야에 전문가가 되는 가장 빠른 방법이 바로 독서이기 때문입니다. 책을 쓰는 작가는 그 분야의 전문가입니다. 그 전문가와 쉽게 만나서 그의 의견을 들을 수 있는 가장 빠른 방법이 독서인 것입니다. 이 부분에 매우 공감하는 것이 저도 비슷한 경험을 했기 때문입니다. 회사에 다니다가 부동산투자에 관심이 생겼습니다. 하지만 부동산에 대한 지식이 하나도 없는 상태에서 부동산투자 실력을 키우려는 방법은 독서밖에 없었습니다. 초기에 부동산투자로 돈을 벌고 싶어 부동산 책만 100권 넘게 읽은 것 같습니다. 그 결과 부동산 뉴스, 칼럼, 정부 발표 등의 내용 정리가 머릿속에 확실하게 돼 단시간 내에 부동산투자로 돈을 벌 수 있게 됐습니다.

세계적인 동기부여 전문가 브라이언 트레이시는 아래와 같이 말했습니다. 50권씩 3년을 읽으면 그 분야의 전문가가 되고, 50권씩 5년을 읽으면 전국적인 전문가가 되고, 50권씩 7년을 읽으면 세계적인 전문가가 된다. 흙수저 출신의 못 나가던 자동차 세일즈맨이었던 브라이언 트레이시는 독서를 통해 탑 세일즈맨이 됐고 현재는 세계적인 동기부여 전문가가 됐습니다.

부자들은 이미 이런 사실을 알고 있습니다. 제가 아는 빌딩부자 한 분도 원래는 부동산에 대해 아무것도 몰랐습니다. 그분은 경매를 통한 부동산투자 방법을 알고 싶어서 경매 관련 서적을 미친 듯이 읽었습니다. 결국, 시중에 있는 책은 모조리 섭렵했고 3년 이내 빌딩을 한 채 구매했습니다. 부동산투자를 시작하고 10년 지난 지금 강남에 빌딩만 8채를 가지고 있습니다. 이렇듯 독서와 돈 버는 일은 떼려야 뗄 수가 없습니다. 그래서 독서는 매우 중요한 것입니다. 다만 주의할 점은 자녀에게 대놓고 책을 읽으라고 강요하면 안 됩니다. 더군다나 부모가 읽지도 않으면서 자녀에게 읽으라고 하면 독서에 대한 안 좋은 기억만 만들어 줄 것입니다. 부모인 당신부터 먼저 읽어야 하고 자녀에게 독서의 중요성을 알려주어야 합니다.

만약 자녀가 독서를 정말 하지 않는다면 독서 스터디, 독서 학원 등을 이용할 것을 추천합니다. 독서에 대한 동기부여가 중요하고 그다음에는 책 선정이 매우 중요합니다. 지금 경제 교육에 관한 이야기를 하므로 돈, 부자, 부동산 관련 서적만 읽으라고 할 것 같지만, 아이들은 꼭 그렇지 않습니다.

아이들에게는 넓은 영역의 독서가 중요합니다. 부모는 이미 사회 경험이 많습니다. 그러므로 경제/재테크 서적을 읽어도 쉽게 받아들일 수 있습니다. 하지만 자녀는 사회 경험이 많지 않기 때문에 똑같은 서적을 봐도 공감이나 이해 능력이 어른과 같을 수는 없습니다. 다양한 책을 통해서 간접 사회 경험을 하게 해주는 것이 중요합니다.

독서를 많이 하지 않는 아이들에게는 쉽고 짧은 책부터 읽게 해야 합니다. 독서에도 레벨이 있습니다. 어려운 책부터 시작하면 절대 안 됩니다. 초등학생이 대학생이 읽는 책을 읽을 수 없듯이, 너무 어려운 책을 읽게 하면 감당하지 못하고 다시는 독서에 대한 흥미를 잃어버릴 수 있기 때문입니다. 한국 사회는 독서 레벨을 고려하지 않고, 그냥 학교 교과 과정에 맞는 책만을 권합니다. 독서는 개별적 맞춤형 접근이 중요합니다. 자녀의 레벨은 부모가 제일 잘 알 것입니다. 그 나이나 학년 추천 도서는 추천하지 않습니다. 차라리 같이 손잡고 서점에 가서 정말 읽을 책 한 권을 사서 함께 읽기 바랍니다. 먼저는 독서 친화력을 키워주는 게 중요합니다. 그리고 경제 관련된 책을 전달하며 읽게 해주기 바랍니다.

■ 신문 읽기

예전 90년대 시절에만 해도 신문을 보는 것이 큰 의미가 있었습니다. 정확한 논조에 깔끔하고 명확한 문체가 있었기 때문에 신문 기사를 따라 쓰는 것만으로도 교육적 효과가 매우 컸습니다. 하지만 인터넷 세상이 되면서 기사의 수준은 많이 떨어졌습니다. 제대로 된 기사를 고르기도 쉽지 않기 때문입니다. 기사의 수준이 예전과 같지 않다고 하더라도, 인터넷 신문을 활용하여 경제 지식과 안목을 키울 수 있는 좋은 방법이 있습니다.

　가령 자신의 휴대전화 인터넷 메인 화면을 포털 사이트 네이버로 설정합니다. 검색창 아래 보이는 화면을 뉴스로 설정할 수 있습니다. 여기서 뉴스 중에서도 경제 뉴스/경제 신문사로 세팅을 합니다. 그러면 인터넷을 켤 때마다 경제 뉴스를 매일 보게 될 것입니다. 먼저 헤드라인(제목)만 보는 습관을 들이도록 합니다. 그러면 요즘 어떤 것이 사람들 사이에서 이슈인지 알 수 있습니다. 해당 제목과 관련해서 관심이 생긴다면 그 기사를 읽어 봅니다. 그러면 기사가 말하고자 하는 정보와 의견을 알 수 있습니다.

　경제 뉴스는 부자 교과서라고 말할 수 있습니다. 보기가 어려울 뿐, 경제 뉴스는 국내 전반에 걸친 경제 사항을 압축적으로 잘 전달해 줍니다. 돈 버는 일은 모두 경제와 연관된 것이기 때문에 경제 뉴스를 많이 접하면 접할수록 돈을 벌 안목도 기르고 돈 벌 기회도 쉽게 보이게 됩니다. 경제 뉴스를 보면서, 자녀와 자연스럽게 하나의 주제에 관해서 이야기할 수 있다면 매우 좋은 교육이 되고 이는 것입니다. 가령 부동산 가격상승과 정부 규제 이야기가 나오면 이를 놓고 자녀의 생각을 물어볼 수도 있고, 어떤 것이 사실이고 어떤 것이 의견인지에 대해서 대화를 하는 것도 매우 좋습니다. 장담하건대 경제 뉴스를 계속 보다 보면, 부모가 더 성장하게 될 것입니다. 자녀는 배우는 단계이지만,

부모는 보고 내 경제생활에 적용할 수 있으므로 받아들이는 속도가 다릅니다.

독서는 정말 중요합니다. 인생을 성공적으로 살기 위해서라도 독서를 추천합니다. 그리고 자녀에게 부자 교육을 하고 싶다면 경제 신문을 보기 바랍니다. 이 2가지만 지켜도 부자가 될 확률이 매우 높아졌다고 할 수 있습니다. 부모가 먼저 하면서 자녀와 함께 하면 됩니다.

4) 세일즈 중요성 알려주기

> 영업은 물건을 파는 것이 아니라, 자기 자신을 파는 것이다.
> _야마모토 후지미쓰

한국인으로 10대, 20대를 살면서 학창시절 물건을 팔아 본 경험이 얼마나 있을까요? 소소하게 있을지 모르지만, 제대로 물건을 팔아본 경험을 한 학생들은 거의 없을 것입니다. 심지어 부모조차도 물건을 팔아본 경험이 없을 수 있습니다. 왜 물건 파는 이야기를 하는지 눈치 채셨나요? 부자가 되기 위해서는 투자를 해야 합니다. 그런데 투자가 무엇인가요? 쌀 때 사고 비쌀 때 팔아서 차액을 남기는 것이 기본 아니겠습니까? 그러기 위해서는 사고파는 행위를 해야 합니다.

보통 우리는 사는 행위(구매)는 너무 익숙합니다. 그 이유는 일평생 소비자로만 살아왔기 때문입니다. 그래서 구매 행위를 위해서 물건도 비교해 보고, 가성비도 따져 보고 여러 가지를 합니다. 돈이 나간다고 생각하면, 물건 사기 전 100번, 1,000번까지 생각한다는 사람도 보았습니다. 그런데 그렇게 사는 일은 잘하면서 왜 파는 일에 신경을 안 쓸까요? 투자에 있어서 사는 것보다 파는 것이 훨씬 더 중요합니다. 투자가 부동산이든 주식이든 마찬가지입니다. 팔았을 때, 진짜 내 돈이 되는 것이고, 잘 팔아야 나에게 이득이 됩니다.

판매에도 기술이 필요하고 능력을 요구합니다. 하지만 한국 사람들은 파는 훈련을 받아 본 적이 없습니다. 실제로 학교에서도 가르쳐 주지 않고, 집에서도 그런 훈련을 받아 본 적도 없습니다. 미국의 경우에는 어려서부터 파는 경험을 많이 해봅니다. 개인 창고 세일을 하는 'garage sale'이라던가 벼룩시장 활용을 한다던가, 아니면 걸스카웃 쿠키 판매 등 판매와 관련된 여러 경험/교육을 하고 있습니다. 반면 우리나라 학생들은 판매에 대해서는 전혀 알지 못합니다. 제대로 된 교육을 받거나 경험을 해본 적이 없기 때문입니다. 사실 물건만 잘 팔아도 부자가 되는 건 매우 쉬울 수 있습니다. 하지만 이런 것을 가르쳐 주는 곳이 없어서 집에서 부모라도 자녀에게 판매 경험 및 교육을 해줘야 합니다.

간단한 방법부터 시작할 수 있습니다. 집에서 안 쓰는 물건을 중고

마켓에 올려봅니다. 요즘 인터넷이 잘 돼 있어서 중고나라나 당근마켓을 활용하면 쉽게 거래를 할 수 있습니다. 부모부터 먼저 시도해보고 방법을 익혀서 자녀에게 가르쳐 주고 판매를 해보게 합니다. 아니면 집 근처 공원이나 단지 내 벼룩시장에 참여해서 판매를 알려주는 것도 좋은 방법이 될 수 있습니다.

제가 부동산 컨설팅 업무를 하면서, 영업 직군을 뽑는 경우가 있습니다. 이력서를 볼 때마다 종종 놀라운 사실을 발견합니다. 영업 직군의 지원자가 물건 하나 팔아본 경험이 없다는 것입니다. 물론 저는 자질만 있으면 근무 기회를 줍니다. 하지만 그 전에 꼭 시켜보는 일이 중고마켓을 통해 물건을 팔고 확인받는 일입니다. 물건을 팔기 시작할 때 사람은 생각하기 시작합니다. 물건을 구매할 때 쓰는 뇌와 판매할 때 쓰는 뇌는 완전히 다릅니다. 구매할 때 쓰는 뇌는 남이 주는 정보를 수동적으로 받아들인 후 판단만 하면 됩니다. 하지만 판매는 다릅니다. 판매하기 위해서는 능동적으로 사고를 해야 합니다. 어떻게 하면 내 상품이 눈에 뜨일지, 어떻게 하면 더 고객에게 호감을 주는지, 어떻게 하면 상대방을 잘 설득할 수 있는지 고민을 하게 됩니다. 판매자로서 경험을 쌓는 일이 부자가 되는 데 훨씬 도움이 됩니다.

투자자도 같습니다. 부동산투자자 역시 나의 부동산을 팔아야 하고, 더 많은 이득을 봐야 합니다. 만약 판매에 훈련이 된 투자자라면 훈련이 안된 투자자보다 더 많은 차익을 남길 수밖에 없습니다. 내가

서울대 가기보다 쉬운 내 아이 건물주 되기

일평생 구매자 입장만 될 것이고 절대 판매 따위는 안 할 것이라고 판단된다면 이 책을 더 이상 읽지 않아도 됩니다. 하지만 투자를 하면서 부자가 되고 싶다면 판매자 훈련이 꼭 필요합니다.

한 광고 대행사 사장님께서는 판매 중요성을 자녀에게 알려주자, 자녀가 자신의 용돈을 스스로 물건을 팔아서 마련하기 시작했고, 판매의 일을 너무 재밌게 느껴서, 결국 스마트 스토어로 물건을 파는 사업까지 시작했다고 합니다. 이처럼 자녀 경제 교육을 하다 보면 생각지도 못한 좋은 일들이 많이 생겨납니다.

자신이 판매자 역할을 해보면, 향후 내가 구매자가 됐을 때, 판매자가 어떤 전략으로 접근하는지도 알게 됩니다. 결과적으로 매매의 달인이 돼, 바가지 쓸 일도 없고 오히려 저렴하게 물건을 구매하는 노하우도 생기게 됩니다. 홈쇼핑을 보다가 종종 혹해서 물건을 구매한 경험이 있을 것입니다. 하지만 본인이 판매자가 돼서 홈쇼핑을 분석하면, 그 전략이 눈에 들어오게 되고, 어떤 것이 사실이고 어떤 것이 의견인지 구분이 됩니다. 그리고 이 물건을 사는 일이 합리적인지 아닌지, 합리적인 소비 판단도 생기기 시작합니다. 당신과 당신 자녀도 그렇게 돼야 합니다.

3

종잣돈 마련을 위해
어릴 때부터 길러야 하는 3가지 능력

돈의 힘을 제대로 이해하라.

_ 말콤 S. 포브스

앞에서는 지식과 경제 관련 경험을 하게 하면서 숨겨진 경제의 원리를 알려주고, 어른들의 경제를 선 체험하게 했습니다. 하지만 여기서 끝나면 조기 경제 교육의 마무리가 되지 않습니다. 자녀가 더 빨리 건물주가 되기 위해서는 이른 나이부터 독립할 시기에 투자를 시작할 수 있도록 도와줘야 합니다. 앞의 7단계 프로세스 중에서 20대에 3단계까지 마무리를 할 수 있다면, 내 자녀가 부자가 되는 것은 매우 빠른 속도로 진행될 것입니다.

부모 처지에서는 프로세스 진행을 편하게 하려고 그냥 줄 수도 있습니다. 하지만 이것은 절대 금물입니다. 큰 목돈 즉 종잣돈을 그냥 주는 것은 자녀 투자 능력을 키우는 데 방해가 될 뿐이 아니라, 부모 돈이 자신의 돈이라는 착각을 하게 만들어 돈을 쉽게 생각할 수 있습니다. 그러므로 종잣돈만큼은 자녀가 스스로 마련할 수 있도록 해야 합니다.

종잣돈을 마련하기 위해서는 기본적인 3가지 능력을 키워야 합니다.

1. 돈을 버는 능력
2. 유지하는 능력
3. 소비하는 능력

위 3가지 능력은 경제생활을 하는 누구나 갖춰야 할 능력입니다. 이 중 어느 하나라도 빠지면 종잣돈을 마련할 수가 없습니다. 그리고 자녀에게만 해당하는 것이 아니고 누구나 반드시 갖춰야 하는 능력이기 때문에 잘 읽고 숙지하기 바랍니다.

1) 돈을 버는 능력

아직 어리기 때문에 돈 버는 능력을 키워주는 데 한계가 있다고 생각할 수 있습니다. 하지만 요즘 정보화 시대에는 돈 버는 데 나이가 크게 문제가 되지 않습니다. 앞서 창작물을 인터넷 사업과 연관 지어 수익화될 수 있다는 이야기를 했습니다. 학생이어도 자신의 창작물을 블로그나 유튜브에 꾸준히 올리기만 해도 광고 등을 붙여서 수익화할 수 있습니다. 만약 자신의 취미가 있다면, 취미 활동을 꾸준히 올려서 사업화할 수 있습니다. 부동산 부자 자녀 B 군(15살)은 만화책 보기가 취미입니다. 이 친구는 만화책을 읽을 때마다 감상평을 남기고, 관련 카페를 개설해서 만화 동호회를 운영했습니다. 그 결과, 동호회를 통해 매월 쏠쏠하게 용돈을 벌고 있습니다. 정보화 시대는 생각을 하고 실행만 해도 돈을 벌 방법은 얼마든지 있습니다.

인터넷을 통한 수익화 구조 이외에도 보험과 주식을 활용하면 종잣돈을 더 쉽게 모을 수 있습니다. 실제 보장성 보험(변액보험) 상품이나 장기 고금리 적금 등을 활용해서 돈을 묶어 놓게 되면, 내 소비를 줄이고 돈을 늘릴 수 있습니다. 그리고 상대적으로 높은 이자까지 받을 수 있으니 종잣돈 마련에 유용한 상품이라고 할 수 있습니다. 주식의 경우 워런 버핏의 투자 방법을 따릅니다. 돈이 생길 때마다 우량주를 조금씩 사들이고 절대 팔지 않는 것입니다. 이 방법을 잘 활용하게 되면

서울대 가기보다 쉬운 내 아이 건물주 되기

어릴 때 사두었던 주식이 높은 가치로 변해서 종잣돈 모으는 데 한몫 할 수 있습니다. 우리는 어릴 때 돈을 버는 것과 돈을 불리는 방법에 대해 전혀 교육을 받지 못했습니다. 그래서 종잣돈도 없고 하라는 데 로만 살아서 경제적으로 힘든 시작을 한 것일지도 모릅니다. 하지만 시대가 달라졌습니다. 나의 아이만큼은 학창시절 동안, 경제적 가르 침을 받고 학교를 졸업할 때는 남과 다른 출발점에서 시작할 수 있습 니다.

2) 돈을 유지하는 능력

'종잣돈을 마련하기 위해서 돈을 잘 벌기만 하면 되겠지.'라고 생각 할 수 있습니다. 하지만 유지하는 능력이 없으면 절대로 종잣돈을 마 련할 수가 없습니다. 제가 아는 한 사업가 한 분이 있습니다. 그분은 30대 초반 3억 원에 가까운 돈을 모았습니다. 하지만 생각 없이 쓰다 가 1년도 되지 않는 기간에 3억 원을 다 쓰고 빚까지 졌습니다. 이처 럼 돈을 유지하는 능력을 제대로 키우지 않으면 종잣돈은 절대 모을 수가 없습니다. 일단 돈이 내 수중에 들어오면 어떤 식으로 든 울타리 를 쳐야 합니다. 별도로 통장을 만들 든 적금에 넣어 놓든 해서 쓸 수 없게 만들어야 합니다. 그래야만 모을 수 있습니다. 빼기 쉽게 만들면 금방 써버리는 게 사람이기 때문에 어떻게 해서든 사용하지 못하게 만들어야 합니다.

3) 소비하는 능력

"소비는 대단히 어려운 것이다". 이 말에 공감되나요? '돈 쓰는 게 뭐가 어렵나요? 그냥 사고 싶은 거 사면 되지.'라고 말할지도 모르겠습니다. 만약 이런 생각이 들었다면, 당신은 분명히 부자가 아닐 것입니다. 부자는 소비할 때 매우 신중합니다. 금액이 커질수록 생각에 또 생각합니다. 1만 원어치 물건을 살 때든 1백만 원어치 물건을 살 때든 무조건 생각합니다. 기회비용에 관한 생각과 올바른 방향의 지출인지를 고려합니다. 두 방향으로 고려했을 때, 둘 다 긍정적인 답이 나오면 지출을 합니다. 의식적으로 하든 무의식적으로 하든 부자는 소비 전에 이런 생각을 하고 돈을 씁니다.

보통 사람은 어떠한가요? 거의 즉흥적으로 구매를 하지 않을까요? 물건 사고 후회하고 돈은 돈 대로 날리는 경험은 누구나 해보았을 것입니다. 심지어 어른인 나도 그런데 자녀는 경제 관념이 없으므로 더 생각하지 않습니다. 소비하기 전 생각을 하고 제일 나은 선택을 하는 습관을 키워주세요. 소비하는 능력을 키워주는 것은 작은 습관에서부터 시작합니다.

물건을 살 때마다 아래 두 가지를 묻는 습관을 갖도록 해봅니다.

'이것이 정말 나한테 필요한 것일까?'

'이것을 사기 위해 내 돈을 사용하는 일이 올바른 일인가?'

부자가 재산을 자랑하더라도
그 부를 어떻게 쓰는지 알기 전에는 칭찬하지 마라.
_소크라테스

PART 3

건물주가 되기 위한
나이대별 전략

작은 일에도 목표를 세워라.
반드시 성공할 것이다.
_ 슐 러

이번 장은 조금 더 구체적으로 각 나이에 맞게 건물주 프로세스를 구축하고 어떤 방식으로 실천할지를 살펴볼 것입니다. 앞서서 말씀드렸지만, 목표가 있으면 중간 목표가 있어야 하고 계획이 있어야 한다고 했습니다. 건물주가 된다는 목표도 있고 각 중간 목표도 설정했기 때문에 이번에는 계획을 세우는 단계입니다. 계획을 세우게 되면 그 안에 더 작은 목표들이 생겨납니다. 이런 작은 목표들이 모여서 중간 목표가 되고, 중간 목표가 보여서 최종 목표를 이룰 수가 있습니다.

왜 이렇게 세분화하냐고요? 이유는 간단합니다.

많은 분이 최종 목표를 달성할 확률은 매우 낮습니다. 그 이유는 현실성이 없기 때문입니다. 현실성이 없다는 말은 최종 목표까지 도달하는데 중간 목표가 없다는 것이고, 어떻게 해서든 한 번에 가겠다는 식의 계획만 세웠기 때문입니다. 보통 우리가 연초에 세운 목표를 이뤄내지 못하는 이유가 이런 것 때문입니다.

저는 부모와 자녀가 건물주 되기 프로세스를 진행하는 데 있어서, 아무런 계획 없이 그냥 하시라고 말하지 않습니다. 최종 목표를 만들어 낼 수 있는 중간 목표를 만들어 드리고, 중간 목표를 만들어 낼 수 있는 작은 목표와 계획들을 세워 드립니다. 나이대별 현실 가능한 계획과 작은 목표를 이번 장에서 알려드리려고 합니다.

모든 사람에게 똑같이 적용할 수는 없습니다. 왜냐하면, 경제적 상황, 집안 사정 등을 다 고려해야 하기 때문입니다. 그래서 가장 일반론 적인 이야기를 할 것입니다. 건물주 되기 컨설팅을 받은 많은 분이 현재 그 계획에 맞추어서 실천하고 있고, 작은 목표와 중간 목표를 달성해 가면서 희망을 얻고 있습니다. 나이대별 전략을 잘 보면서, 건물주가 되는 계획을 잘 세우고 실천해 나가기를 바랍니다.

1
10대 아이,
20살에 종잣돈 마련하기 위한 전략

돈 주머니가 빈 다음의 절약은
이미 늦은 것이다.
_ 앤드류 카네기

10대는 부모에게 영향받는 제일 중요한 나이대입니다. 사실 나이
가 어릴수록 경제 교육하기는 더욱 쉽습니다. 나의 자녀가 어릴수록
돈 관련 교육을 시키는 것이 중요합니다. 그리고 어느 정도 자라면, 그
나이에 맞는 교육이 필요합니다. 10대의 목표는 '20대가 되기 전에
종잣돈을 마련하는 것'입니다.

1) 경제 교육과 부동산 교육

우선, 10대 때 해야 하는 첫 번째 경제 교육은 경제와 부동산을 알려 주는 것입니다. 20대 이상 성인의 경우는 바로 학습과 독서를 통해서 경제와 부동산을 공부하는 것이 가능하지만, 10대의 경우 경제용어와 표현을 알아듣기도 어렵고 배우는 데 힘들어 할 수가 있습니다. 그래서 게임과 놀이를 통해서 경제와 부동산과 친해지게끔 유도를 해야 합니다.

앞서 소개해드린 보드게임 모노폴리를 활용할 것을 적극적으로 추천합니다. 가족이 함께 게임을 즐기면서, 부모는 자녀에게 조금씩 왜 땅을 사는 것이고, 내가 소유한 땅으로부터 어떻게 돈을 버는지와 같은 기본적인 부동산 경제 공부를 알려줄 수가 있습니다. 그리고 경제가 돌아가는 흐름 같은 것을 자연스럽게 아이와 이야기해 볼 기회도 생기게 됩니다.

이론이나 게임으로 경제 공부를 하면서, 부동산 공부의 경우는 따로 부동산을 설명하는 것보다 무조건 체험으로 같이 다니게 할 것을 추천해 드립니다. 사실 아이에게 부동산을 설명한다는 것은 매우 어려운 일입니다. 그러므로 부모가 부동산 관련 활동을 할 때 아이를 같이 데리고 다니기 바랍니다. 공인중개 사무소를 방문하는 것부터 시작입니다. 아이들은 그 안에 큰 지도를 보는 것만으로도 매우 재미있어합니다. 그리고 무엇을 하기 위해 이곳에 왔는지, 여기가 무엇을 하는 곳인지를 하나하나 설명해주는 것이 매우 중요합니다. 부동산 관련 서류를 떼거나 간단한 업무 같은 경우 아이에게 심부름의 형태로 시키는 것도 매우 좋습니다. 너무 별것 아니라는 생각이 드실지도 모릅니다. 하지만 이런 것을 한 번도 안 해보다가 나중에 커서 부동산 관련된 업무를 하게 되면 낯설고 힘들어하는 부린이(부동산+어린이)를 보아 왔기 때문입니다. 공인중개 사무소뿐만 아니라 부동산 업무를 진행하기 위해 가야 하는 관공서 등을 아이와 같이 다니는 것도 많은 도움이 됩니다. 주민센터, 시청, 세무서 등 같이 다니며 이곳이 무엇을 하는 곳이 왜 우리가 여기에 와야 하는지를 알려주는 것도 좋은 교육이 됩니다.

그다음으로는 부동산 현장 방문입니다. 현장 방문의 중요성은 뒤 투자의 3요소 부분에 자세하게 설명해 드릴 것입니다. 부동산투자 목적이든, 실거주 목적이든 물건을 보러갈 때, 꼭 자녀와 같이 다니시면서 보여주시기 바랍니다. 왜 이 집을 선택했는지, 이 집을 선택하기 위해 얼마가 들었고, 무엇이 필요한지를 아이가 알아듣던 못 알아듣던 이야기 해주시기 바랍니다. 이렇게 아이와 다니는 훈련을 강조하는 이유는, 아무리 나이가 어리고 못 알아들었다고 해도 경험한 것은 몸에 익게 되고 언젠가는 도움이 되기 때문입니다.

강남에 여러 채를 소유한 빌딩부자도 자녀가 어릴 때부터 이렇게 데리고 다니면서 훈련을 시켰다고 합니다. 알든 모르든 같이 다니는 거고, 대화가 안 된다고 하더라도 이야기를 해주는 것입니다. 옆에서 보고 들은 자녀는 커서 부모의 행동을 똑같이 따라 하게 되고, 결국 그 길이 돈을 버는 것임을 알게 됩니다.

가끔은 나도 잘 모르는데 어떻게 애를 데리고 다니면서 설명해 주냐고 묻는 경우가 있습니다. 그럴 경우, 잘 모르면 모르는데 억지로 설명하려고 하지 마세요. 데리고 온 이유 정도를 이야기 해주고 나도 공부를 하고 있다고 알려주시기 바랍니다. 부동산에 있어서 공부와 경험을 따로 분리하지 않기를 바랍니다. 물론 나도 공부가 안돼서 줄 게 없다는 생각이 자꾸 드는지 모르겠지만, 그럴수록 더 자녀와 함께 하도록 하시기 바랍니다. 그리고 자녀에게 하나라도 더 알려주고 싶은 마음이 든다면, 공부하시게 될 것입니다.

자녀가 중학생 정도가 된다면 위임을 맡겨서 부동산 활동을 하게 해보는 것도 좋습니다. 돈이 오고 가는 문제야 부모가 직접 해야겠지만, 서류 작성 및 송부 등의 일은 자녀를 대리인으로 지정해서 대신 보내 봅니다. 옆에서 보고 들은 것이 있다면, 중학생 정도만 돼도 부모 대신 멋지게 부동산 업무를 처리할 수 있습니다.

공부만 할 줄 알았지, 부동산 바보였던 저는 신혼집을 구할 때는 너무 당혹스럽고 힘들었습니다. 나름 알아본다고 인터넷을 뒤져보고, 지인에게 물어보고, 공인중개사를 찾아다녀도, 기준이 없고 경험이

서울대 가기보다 쉬운 내 아이 건물주 되기

없다 보니, 고생이란 고생은 다 하고, 좋지 않은 집에서 비싼 돈만 날렸던 경험이 있습니다. 그에 반해 재테크 공부가 된 제 회사 동기 이 군은 이미 부동산을 부모에게 배워서 종잣돈을 모으고, 서울에 아파트를 멋지게 구해서 결혼 생활을 시작했습니다. 아무런 준비를 안 하고 갑자기 닥쳐서 하는 저와 이 군은 하늘과 땅 차이였던 것이죠. 수억 원이 오고 가는데, 전혀 공부가 안 돼 있다는 것도 웃긴 사실인데, 대부분의 한국 사람이 저와 같다는 사실이 더 웃기고 슬픈 현실입니다.

경제 공부와 부동산 공부에 대해서 정리를 하자면, 경제 공부는 게임을 통해서 천천히 자녀에게 알려주시기 바랍니다. 그리고 부동산 공부는 체험을 통해서 경험을 시켜주시기 바랍니다. 그런 경험이 많으면 많을수록 10대 자녀가 보는 눈이 달라지게 되고 또래보다 부자가 될 가능성이 더 커지게 됩니다.

2) 돈 버는 능력, 유지 능력, 소비 능력

돈 버는 능력과 유지하는 능력 소비하는 능력을 키워줘야 합니다. 그중에서 돈 버는 능력부터 아이에게 알려주셔야 합니다. 먼저는 부모로부터 용돈을 받으면 반드시 투자 통장에 돈을 모으게 알려주시고, 용돈 이외에 수입을 만들 수 있는 구조를 생각하게끔 훈련을 시켜야 합니다. 이런 훈련만 잘되면 10대 어린 나이라 할지라도 돈을 버는 경우가 종종 있습니다.

한 사례를 이야기해 드리겠습니다. 실례로, 제가 컨설팅했던 수원 사시는 사장님에게 중학생 자녀분이 있었습니다. 중학생 이oo 군은 인터넷 게임 '오버워치'에 열광적 팬이었습니다. 실력도 상당히 뛰어나서, 게임 내에서 상당히 인정을 받고 있었습니다. 친구들 사이에서도 인정받는 오버워치 리더였기 때문에, 그 친구에게 관련 매뉴얼(공략집)을 만들어 보라고 요청했습니다. 공부가 아닌 자신의 취미를 활용한 요청이어서 그런지 3일 만에 만들었습니다. 이것을 전자책으로 만들어서 판매 결과 꽤 많은 이익을 얻었습니다.

또 한 경우는 초등학교 3학년 학생은 춤추는 것을 좋아했습니다. 그래서 자신의 춤추는 모습을 매번 찍어서 유튜브에 올렸고, 꾸준히 올린 결과 유튜브를 통해서 자신의 용돈을 벌고 있습니다. 이처럼 자신의 취미 등을 활용해 돈 번 사례가 많이 있습니다.

꼭 취미가 아니더라도, 자신이 학교에서 만든 과제나 창작물이 있다면 인터넷을 통해 공유사이트(크몽, 탈잉) 등을 통해서 자동으로 돈 버는 구조를 만들 수도 있습니다. 어떻게 하느냐에 따라서 나이가 어려도 돈 벌 기회가 점차 많아지고 있습니다. 만약 상황만 잘 맞으면 생각보다 큰돈을 버는 경우도 종종 있으며, 종잣돈 마련이 매우 빨리 진행될 수도 있습니다.

서울대 가기보다 쉬운 내 아이 건물주 되기

그런데 중요한 점은 돈 버는 것도 중요하지만, 돈을 유지하는 능력입니다. 어린 나이에 큰돈을 가지게 되면, 관리를 잘 못하는 경우가 대부분입니다. 그러므로 반드시 미래 투자를 위해 돈을 잘 묶어 두는 경제적 교육이 필요합니다.

투자를 위한 통장을 만들 때, 장기 적금형태와 같이 돈을 바로 빼서 쓰기 어려운 통장을 만들어 주시기 바랍니다. 어릴 때부터 장기적으로 저축을 해서 큰돈을 모을 수 있다는 개념을 알게 해주는 것은 매우 중요한 일입니다. 또 장기 우량주식을 자녀 앞으로 꾸준히 사주는 것도 좋습니다. 장기 투자 형태로만 운영한다면, 높은 수익률을 낼 수도 있습니다. 내가 직접 회사의 지분을 사고, 주주의 의미도 알려줄 수 있으므로 매우 좋은 경제 교육이라고 할 수 있습니다. 다만 주식은 자칫 투기성으로 변질할 수 있어서 항상 조심해야 합니다. 주식 교육은 고등학교 이상부터 하는 것이 좋습니다.

마지막으로 소비하는 능력을 잘 키워주시기 바랍니다. 솔직히 소비하는 일은 어른에게도 어려운 일입니다. 왜냐하면 소비하는 부분에 있어서 제대로 배운 적이 없기 때문입니다. 보통은 당장 필요한 것, 아니면 즉흥적으로 하는 소비가 대부분입니다. 계획적으로 소비한다거나, 생각하며 소비하는 경험은 거의 해보지 않았을 것입니다. 앞서서 설명해 드렸지만, 2가지 질문하는 습관을 들이게 해주시기 바랍니다.

'이것이 정말 나한테 필요한 것일까?'

'이것을 사기 위해 내 돈을 사용하는 일이 올바른 일인가?'

3) 10대를 위한 투자 교육

10대의 주요 목표는 20대 전까지 종잣돈을 마련하는 것입니다. 잘 못 생각하면 종잣돈을 모으기 위해서 많이 벌고, 모으는 데 집중하라 고만 생각할 수 있습니다. 그럼에도 투자 능력을 키워 20대 때 본격적 으로 투자를 할 수 있게 준비를 해둬야 합니다.

먼저, 모의 투자 방식입니다. 모의 투자는 가상의 돈을 활용하는 방 식이기 때문에, 손해가 발생하지 않습니다. 하지만 전략을 짜보고 투 자의 감을 키울 수 있습니다. 보통은 15살 이상부터 방법을 알려주고 생각하게 하는 훈련을 키우는 것도 좋습니다.

다음은 부동산 선투자를 통한 교육도 가능합니다. 부모에게 어느 정도 여유 자금이 있으면, 사려고 하는 부동산의 일부 금액을 자녀에 게 미리 주어서 공동명의로 부동산을 사는 것입니다. 부모-자녀 공동 명의의 좋은 효과는 10년에 2,000만 원 이상 증여할 시 발생하는 증 여세를 미리 피할 수 있고, 부동산의 가치가 올랐을 때 자녀 지분 비율 의 증가분만큼은 증여세가 발생하지 않습니다. 또 이런 경우에, 자녀 의 종잣돈이 더 빨리 마련될 수가 있습니다. 더구나 자녀도 등기명의

자가 되기 때문에 자연스럽게 참여하게 되고, 부동산 거래, 계약하는 법을 옆에서 보고 배울 수가 있습니다. 공동명의 방법은 부동산 부자들은 다 하고 있습니다. 언젠가 자녀에게 물려줄 재산이라면 어릴 적부터 조금씩 물려주어서 세금을 최소화하는 것도 현명한 일입니다. 이 외에도 부동산을 통해 자녀 교육할 방법은 많이 있습니다.

시행착오가 있을 수 있지만, 전문 상담사와 같이 투자를 진행하고, 돈 불리는 방법을 연구한다면, 나의 자녀가 20대가 되기 전에 종잣돈을 모을 수 있습니다. 그리고 그 과정에서 자녀 경제 지능은 올라가게 됩니다. 대부분의 한국 학생들이 대학입시에만 목숨 거는 동안, 나의 자녀는 세상을 더 부유하고 현명하게 살아가는 방법을 터득해 가게 됩니다.

10대 경제 교육시킬 때 주의할 점

10대에게 경제 교육을 시킬 때, 가장 조심해야 할 점은 중요한 공부가 무엇인지 항상 생각하는 것입니다. 전략을 아무리 잘 짠다고 해도 우선순위가 학교 공부에 맞춰지게 되면 결국 학원 보내고, 시험공부에 초점을 맞추게 됩니다. 10대 전략은 부모가 만들어주는 것이기 때문에, 부모 마인드부터 정확하게 잡아야만 합니다.

'저는 경제 공부 잘 시키고 있어요.'라고 말하는 어머니들조차, 학원 공부와 경제 공부 중 어디에 더 많은 시간을 할애하느냐고 물어보면 대답하지 못하는 경우가 대부분입니다. 기준을 명확하게 잡기는 힘들지만, 경제 공부는 생활화, 습관화돼 있어야 합니다.

학교 공부는 반에서 평균 정도로만 하라고 이야기하고 싶습니다.

학교 공부의 목적은 인내를 키우는 것입니다. 고등학교 이상의 공부는 사실 시험을 위한 공부이지 실생활을 위해 필요한 공부는 아닙니다. 중학교 수준의 지식을 쌓았다면 정말 중요한 공부가 무엇인지 생각해 볼 필요가 있습니다.

어떤 분은 상식을 키우기 위해서 학교에 다녀야 한다고 이야기합니다. 그렇다면 상식은 무엇인가요? 수학 미적분이 상식인가요? 국어 문제에서 어려운 지문을 독해하는 것이 상식인가요? 상식은 보통 우리가 모두 지녀야 할 지식입니다. 상식을 위해 학교 공부를 한다는 핑계를 대지 않기 바랍니다.

내 아이가 정말 성공하고 부자가 되게 만들고 싶다면 시험을 위한 공부보다는 돈 공부에 집중해 주시기 바랍니다. 계속 돈! 돈! 돈! 그러니까 아이가 돈만 밝히는 사람으로 크게 될까 봐 걱정이라고요?

요즘 우리나라 부모들 사이에 유대인 공부가 인기라고 합니다. 그럼 유대인 교육은 어떤 것인가요?

유대인 자녀 교육의 많은 부분을 돈 공부가 차지합니다. 유대인 부모는 돈이 돈을 버는 구조를 생각하게끔 훈련을 시킵니다. 그 결과 구글, 페이스북 등 플랫폼 사업 등이 유대인을 통해서 만들어졌습니다. 플랫폼 사업이 무엇인가요? 기반 사업을 구축하고 다른 사람들이 그 위에서 활동하고 돈을 법니다. 쉽게 말해 시장을 생각해 보면 됩니다. 시장터가 열리고 시장 안에서 많은 사람이 와서 장사해서 돈을 법니다. 물론 사람들은 장터에 자릿세를 냅니다. 그 장터가 바로 플랫폼 같은 것입니다. 시장 주인은 장터만 마련해 주고 앉아서 돈을 버는 것이죠.

유대인 자녀의 많은 부분이 돈과 관련된 것인데 왜 그것은 따라 하지 않나요?

10대를 위한 전략도 좋고 공부도 좋습니다. 하지만 제일 중요한 것은 자녀에게 돈 공부를 우선순위로 두고 그것을 습관화하겠다는 마음가짐이라는 것을 잊지 않으시기 바랍니다.

10대 목표	20살 전까지 종잣돈 모으기		
전략	1. 경제 공부	2. 부동산 공부/체험	3. 돈 버는 방법 집중
실천	• 부모 함께 • 게임(모노폴리, 부루마블)	• 부모 함께	• 지식창업

2
부자가 되고자 하는
20대를 위한 전략

가난한 사람이 가난을 벗어나지 못하는 이유는
그들이 모은 돈을 다 써버려서가 아니라,
이 세상에 더는 돈 벌 기회가 없다고 포기하기 때문이다.

_러셀 콘웰

1) 탈사회화하기

평범한 한국인으로 20살이 됐다면 한국형 사회화가 아주 잘 된 사람일 것입니다. 그런데 이 사회화가 잘 됐다는 말을 깊이 있게 생각해봐야 합니다. 사회화가 잘 됐다는 이야기는 말 잘 듣는 학생으로 살아왔다는 것을 말합니다. 말 잘 듣는 학생은 보통 대학을 가고, 대학에서도 말 잘 듣는 학생일 가능성이 큽니다. 그러면 학교에서 하라는 것만 했을 것이고, 그 이상의 것에 대해서는 생각하지 않았을 것입니다. 왜

냐하면, 그 구조를 벗어나면 선생님에게 혼이 나고, 심하면 사회의 문제아로 취급받기 때문입니다.

20살이 지나고 나서는 학교에 말 잘 듣는 학생으로 살지 않아도 되지만, 올바르게 살아온 한국 학생들은 자신이 배운 내용이 말을 무조건 잘 들어야 한다는 내용이었기 때문에, 대학교에 가서도 말 잘 듣고 직장에 가서도 말을 잘 듣습니다. 하물며 '내가 말 잘 들을 수 있게 나에게 명령을 내려주세요.' 하는 곳으로 보내 달라고 피 터지게 노력합니다.

20대에게는 반드시 해주고 싶은 이야기가 있습니다. 절대로 사회가 만든 구조만을 바라보지 말라는 것입니다. 20대 대부분이 대학을 다니고 꼭 취업해야 한다고 생각합니다. 물론 잘못된 것은 아닙니다. 하지만 정말 부자가 되고 싶다면 자본주의의 평범한 구조만을 보아서는 안 됩니다. 자본주의의 평범한 구조에서 열심히 산 사람들의 결과를 생각해 본 적 있나요? 간판 있고 이름 있는 기업에 가면 행복할까요? 아니면 돈이라도 많이 벌어서 여유 있게 생활할 수 있을까요? 그 결과를 모른다면 가까운 선배들 혹은 은퇴한 부모 세대의 생활을 보기를 바랍니다.

만약 고시 공부를 생각하는 20대가 있다면 다시 한번 생각할 것을 권합니다. 고시를 공부하는 이유가 무엇인가요? 단순히 그 타이틀을 원하는 것이라면 다시 생각해야 합니다. 과거처럼 고시로 인생역전이 되지 않을뿐더러, 고시 공부할 시간에 돈을 더 많이 버는 것이 인생 역전할 확률이 훨씬 높습니다.

20대 때는 한 번쯤은 미쳤다는 소리를 들어도 좋습니다. 세상의 기준과 다르게 내가 원하는 것을 해보기를 바랍니다. 그리고 기왕이면 돈 벌 수 있는 생각을 하면서 경제적 관점으로 세상을 바라보기를 바랍니다. 20대 작은 선택이 완전히 다른 인생을 살게 합니다. 본격적으로 남보다 빠른 은퇴, 여유 있는 삶을 살기를 원한다면 20대 때 남들과 다른 노력과 선택으로 그런 삶을 살 수 있습니다.

2) 현실적인 경제 공부와 부동산 공부

20대 전략을 이야기하겠습니다.

제일 첫 번째는 경제 공부와 부동산 공부입니다. 10대에게는 내용이 어려우니 게임 등을 통해서 천천히 접근했지만, 20대부터는 직접 공부를 할 수 있습니다. 이 책에 나온 내용만 읽어도 본인이 직접 깨달을 수 있고, 부모와 자연스러운 대화를 통해서도 배울 수 있습니다. 아니면 요즘 세대에게 친숙한 유튜브 등을 통해서 학습하는 것도 좋은 방법입니다.

부동산 공부는 10대 때와 비슷합니다. 같이 다니는 것도 좋은 방법이고, 이사 갈 일이 있거나, 자녀가 독립해야 할 때 자녀가 직접 물건을 찾는 훈련을 시키는 것도 좋은 방법입니다. 가족이 살 집 또는 자신이 살 집을 본인이 스스로 찾아보고 결정해 보는 것입니다. 물론 금액은 미리 결정해줘야 합니다. 그 금액 내에서 부동산을 어떻게 찾아내는지를 알아내는 것은 부동산 공부에 많은 도움이 됩니다. 이 외에도 투자 능력을 키워주기 위해 오를 만한 지역 찾기, 리모델링 비용 확인하기, 내가 사는 주변 건물 가격 확인하기 등등 부동산 가치를 파악하는 훈련을 할 수 있습니다. 모의 부동산투자 등을 통해서 부동산투자자의 꿈을 미리 꾸는 것도 좋습니다.

3) 빠르게 투자자 입문하기

돈을 버는 능력에 대해 10대보다는 더 다양하게 시도해 볼 수 있습니다. 그리고 할 수 있는 것도 많습니다. 20대들은 되도록 부모로부터 빨리 독립한다는 생각을 하며 돈 버는 구조에 열중해야 합니다. 이때까지 내가 쌓은 경험과 취미를 바탕으로 할 수 있는 일을 찾아봐야 합니다. 돈을 버는 일은 꼭 취업을 통해서만 가능한 것이 아닙니다. 지식 창업 등으로 돈 버는 일에 집중해 볼 것을 강력히 추천합니다.

20대는 어떻게 해서든 종잣돈을 모아야 하고, 투자도 시도해야 합니다. 7단계 로드맵 중 4단계까지 이루는 것이 목표입니다. 이것을 하기 위해서는 당연히, 부동산 공부와 경제 공부가 돼 있어야 합니다. 20대에 부동산 주인이 돼 보는 것은 의미가 상당히 큽니다. 남들 20대에 술 마시고 놀러 다닐 동안, 돈 모아서 부동산을 한 채 구입할 수 있다면 전혀 다른 인생을 살 수 있습니다. 현재, 20대이고, 10대 때부터 준비가 안 돼 있는 상황이라고 하더라도 걱정할 필요 없습니다. 경제/부동산 공부를 천천히 하면서, 돈 관련된 능력만 키운다면, 빠르게 부동산 주인이 될 수 있습니다.

2015년 21살 임○○ 양을 컨설팅해준 적이 있었습니다. 임 양은 고등학교를 나오자마자 바로 취업했으며, 2년 동안 2,500만 원 정도의 돈을 모았습니다. 임 양은 저에게 오자마자 '부자가 되고 싶다'고 말했습니다. 매우 인상 깊었고, 나이 어린 친구가 그렇게 생각하는 것이 매우 기특했습니다. 임 양에게 돈과 관련된 주의 사항과 남들과는 다르게 살아야 할 것을 알려주고, 부동산투자 노하우를 전했습니다. 그때 저는 사무실 및 지식산업센터 임대사업 등의 투자 방법을 알려줬습니다. 임 양은 하라는 데로 그대로 따라 했고, 6년 동안 꾸준히 투자를 해왔습니다. 그 결과, 사무실과 지식산업센터 임대사업으로 월세 수익만 500만 원이 넘습니다. 자신의 월급까지 합하면 월 800만 원 이상의 소득을 벌고 있는 셈입니다. 임 양의 소원은 35살 이전에 은퇴하는 거라고 합니다. 대단하지 않나요?

스노볼 효과를 생각한다면 더 빠른 은퇴도 가능해 보입니다. 내 목표와 계획이 있고 실천만 한다면, 누구나 할 수 있습니다. 부동산으로 돈을 번다는 것은 머리로 하는 것이 아니라 몸으로 하는 것이기 때문입니다. 만약 내가 직장을 다니고 있다면, 거기서 버는 소득을 종잣돈 모으는 데 집중해야 합니다. 부동산 공부니 투자니 하면서 직장을 그만두는 일은 하지 않기를 바랍니다. 이왕 시작된 직장 생활은 최대한 내 경제 상황에 유리하게 맞춰 나가야 합니다. 또 직장을 다니고 있다고 하더라도, 나에게 돈을 벌어다 줄 구조를 끊임없이 생각하고 만들어야 합니다. 정보화 시대에 갈수록 N잡 시대가 열리고 있습니다. 하나의 직장이 영원하다고 생각하면 안 됩니다. 직장 급여 외 나 대신 일할 구조는 필수로 만들어야 하는 시대이기 때문입니다.

20대는 가장 열정적이고, 화려한 나이대입니다. 한마디로 불꽃 같은 세대입니다. 개인적으로 20대의 열정과 도전 의식을 매우 좋아합니다. 부모들의 말을 잘 듣지 않는 나이 때이기도 하지만, 자신의 꿈에 관해서는 가장 진지한 세대이기도 합니다. 불꽃의 열정을 가지고 부자의 길로 나아간다면 훨씬 빠르게 건물주가 될 수 있을 것입니다.

20대 경제 교육시킬 때 주의할 점

1. 돈 관련된 경험을 최대한 많이 해라

돈을 버는 각종 경험을 다 해보기를 바랍니다. 우선은 노동을 통해 돈을 버는 활동을 해보고, 머리로 돈 버는 일을 해보세요. 내가 만들어낸 결과물을 통해서 돈을 벌어보세요. 사람을 고용해서 돈을 벌어보세요. 물건을 팔아서 돈을 벌어보세요. 마지막으로 계속 돈이 나오는 파이프라인으로 돈을 벌어보세요.

2. 투자하고 실패해 보아라

실패하고 돈 날리는 것을 두려워하지 마세요. 20대 실패는 세상 사는데 아주 작은 일이고, 다 회복할 수 있는 일입니다. 오히려 투자 실패를 많이 해본 사람일수록 부자가 될 확률이 높습니다.

(* 단, 빚까지 지면서 하는 무리한 투자는 안 됩니다.)

3. 돈 버는 시스템을 고민하고 만들어라

파이프라인을 어떻게 해서든 만들기 바랍니다. 단 돈 1,000원 들어오는 구조도 좋습니다. 이것을 한 번이라도 만들고 안 만들고는 큰 차이가 있습니다. 그리고 큰 인식의 차이가 있습니다. 내가 진짜 부자가 되고 싶다면 아주 작은 금액이 들어온다고 하더라도 파이프라인을 한번쯤은 꼭 만들기를 바랍니다.

4. 남들이 다 간다는 취업을 당연하게 여기지 마라

남들이 다 간다는 대학, 다 공부하는 토익, 다 하는 취업 준비를 당연하게 생각하지 않기를 바랍니다. 요즘 내 지식과 경험으로 돈 벌 수 있는 기회가 넘쳐 납니다. 인터넷에 지식창업이라고 쳐 보시기 바랍니다. 아니면 서점에 가서 지식 창업 관련 책을 보시기 바랍니다. 새로운 세상을 알게 될 것입니다.

5. 퍼스널 브랜딩을 하라

정보화 시대가 되면서 점점 N잡의 시대가 되고 있습니다. N잡의 주체는 나입니다. 내가 여러 활동을 하지만 종합적인 역할 주인공이 나이며, 내 자신이 더 중요해지는 사회가 됩니다. 자신의 색깔을 찾고 사회에 어떤 역할로 성장해 나갈지 계획을 세워 보시기 바랍니다.

6. 세일즈를 배워라

세상에 모든 일은 결국 판매를 해야 돈이 됩니다. 그 상품이 유형이든 무형이든 결국은 판매입니다. 아르바이트를 하면서 물건을 파는 경험을 쌓아도 되고, 중고 시장 거래를 통해서 판매를 경험해 보는 것도 인생에 매우 도움이 됩니다. 만약 더 전문적으로 배우고 싶다면, 보험이든 부동산이든 전문적인 영업하는 곳에서 가서 세일즈를 배우고 경험해 보는 것은 부자가 되는데 큰 도움이 될 것입니다.

7. 학교/회사는 당신을 현대판 노예로 만드는 곳임을 깨달아라

높은 연봉을 주는 곳일수록 말 잘 듣는 사람을 요구합니다. 항상 누군가의 밑에서 일해야 하고, 내 시간과 노동을 지불해야 합니다. 항상 열심히 살아야만 그 자리를 겨우겨우 유지할 수 있습니다. 이런 삶은 죽을 때까지 이어집니다. 그렇게 살기 싫다면 반드시 탈사회화를 생각해야 되고, 부자가 되는 길이 무엇인지 진지하게 생각해야 됩니다.

20대 목표	종잣돈 마련 및 부동산투자하기			
전략	1. 경제 공부	2. 부동산 공부/체험	3. 돈 능력 키우기	4. 투자하기
실천	• 서적 또는 교육 기관	• 서적 또는 교육 기관 • 모의 투자	• 지식창업	• 소액 수익형 상품 투자

3
인생에서 가장 바쁜
30대를 위한 전략

사는 데 더 나은 방법을 찾아라.

_앨빈 토플러

1) 돈이 있어도 더 많은 노력이 필요하다

30대에는 직장을 가지고, 결혼 및 출산을 하는 경우가 많습니다. 인생에서 가장 바쁘고, 힘든 시기로, 예비/초보 부모로서 많은 신경을 써야 합니다. 사실 내 집 마련에 가장 많이 신경을 쓰는 시기이기 때문에 무리한 투자를 많이 합니다. 가장 안타까운 점은 아파트 하나를 영끌(영혼까지 끌어올려)해서 장만하고, 불꽃으로 뛰어드는 나방 같은 인생을 산다는 겁니다.

30대는 열심히 살 수밖에 없습니다. 이렇게 열심히, 그리고 힘들게 살 수밖에 없으므로, 더 나은 삶을 살기 위한 방법을 찾기 힘들어 합니다. 이해는 됩니다. 저 역시도 30대의 대부분을 사회에서 열심히 하라는 데로 살았기 때문입니다. 하지만, 이제는 그렇게 살면 안 됩니다.

30대 건물주 되기 위한 전략은 직장 가진 20대와 비슷합니다. 하지만 더 노력하고 더 많은 신경을 써야 합니다. 직장 생활을 했기에 20대보다 가지고 있는 돈은 더 많을 수도 있습니다. 하지만 자신이 살아온 고정관념, 사회화된 생각을 바꾸어야 하므로 더 많이 공부하고 더 많이 노력해야 합니다.

20년 넘게 공부를 열심히 해서, 직장에 왔는데, 내 삶이 부유하게 살 수 없다는 것을 알았을 때는, 두려움이 생길 수가 있습니다. 하지만 이 때보다 더 절실한 때는 없습니다. 저 역시 30대가 돼서야 문제를 깨달았습니다. 가장 나를 힘들게 한 사실은, 그 사실을 깨달았을 때 팔다리가 다 묶여 있는 상황이라는 것입니다. 가장이 돼 있었고, 외벌이에 자식이 2명이나 있다는 것입니다. 그래서 내 직장을 그만두고 다른 일을 한다고 하기에는 많은 두려움이 생겨납니다. 하지만 절실함이 초인적인 힘을 발휘하게 합니다. 많이 힘들고 어렵지만 할 수 있습니다. 그래야 더 나은 삶, 미래를 바라볼 수 있기 때문입니다. 가장 늦을 때가 가장 빠를 때입니다. 당신도 할 수 있습니다.

2) 경제 교육과 부동산 교육

30대의 경우 경제 교육과 부동산 교육은 숙달했기를 바랍니다. 기본기가 충실할수록 더 많은 것이 보이고 투자의 기회도 생겨 납니다. 30대부터는 돈이 있기 때문에 여기저기 투자 제안이나 유혹이 많이 옵니다. 만약에 경제 공부가 제대로 돼 있지 않다면 그런 유혹에 혹할 수 있으니 조심하시기 바랍니다. 아무리 친한 지인이 투자 물건을 추천한다고 해도 투자는 자신이 책임을 지는 것이고, 자신의 돈으로 하는 것이기 때문에 더 철저하게 공부하기를 바랍니다.

부동산 공부의 경우 20대와 크게 다르지 않습니다. 30대라고 하더라도 부동산 관련된 일은 1번이나 2번 정도밖에 안 했을 수 있습니다. 그것도 전·월세 구하는 정도의 일만 했을 수 있습니다. 보통의 30대라면 거의 다 비슷할 것입니다. 하지만 내가 살 집을 구하는 것과 투자처를 구하는 일은 매우 다릅니다. 부동산 지식적인 공부는 계속해 나가면서 직장을 안 가는 휴일에는 틈틈이 임장을 나가거나 공인중개사무소에 가보기를 바랍니다. 부동산에 대해 눈을 뜨기 가장 좋은 방법은 현장 답사입니다. 그리고 그 지역 전문가에게 이야기를 들어보는 것입니다.

딱 제 사례가 그렇습니다. 30대에 부동산에 눈 뜨고 투자를 해야 한다고 생각했지만, 무엇부터 해야 할지 알 수가 없었습니다. 그냥 맨땅에 헤딩하듯 많은 우여곡절을 겪었습니다. 결론적으로 부동산투자에 가장 빠른 길은 부동산 책이나 전문가를 통한 공부 및 현장 방문이었습니다. 평일에 공부하고 관심을 가졌던 지역을 주말에 직접 가보고 근처 공인중개사에게 자문하고 또 가보고 하는 식으로 하면서 부동산 공부 및 투자를 시작했습니다. 그리고 시간 될 때마다 부동산 관련 세미나, 전문가 강의를 들으며 부동산에 대한 안목을 키웠습니다.

30대이고, 직장인이어서 많이 바쁠 것입니다. 그리고 주말에는 가족이랑도 보내야 하고 쉬어야 하고 해서 매우 힘들 수 있습니다. 하지만 해야 합니다. 30대에 조금 더 바쁘고 힘들어야, 40대가 편해지고 50대는 더 편해집니다. 조금이라도 젊을 때 바쁜 것이 좋습니다.

3) 자녀를 교육하라

30대인 당신에게 자녀가 있다면, 당신을 변화시키면서, 당신의 자녀 교육도 같이해야 합니다. 아직 자녀가 어리기 때문에 건물주 만들기 프로세스 적용이 어려울 수도 있습니다. 하지만 자녀가 5세 이상이고 돈의 개념을 알기 시작했다면, 건물주 프로세스를 시작할 수 있습니다. 자녀가 어리다는 점은 건물주로 만들 기회가 무궁무진하다는 것입니다. 성장한 자녀보다 더 많은 선택권을 가질 수 있고, 자녀를 더 쉽게 부자가 되게 해줄 수 있습니다. 어린 자녀를 가르치기 위해서는 쉽고 정확하게 알려줄 수밖에 없고, 가르치기 위해서는 부모가 더 많이 배운 게 된다는 사실을 알게 될 것입니다.

37세 김 씨의 경우 부자 자녀 만들기 세미나를 듣고, 자신의 자녀에게 돈 공부를 가르치기 시작했습니다. 자녀에게 가르치기 위해 자신이 더 공부를 열심히 하고, 그 결과 자녀에게도 경제 의식이 생겨나고, 본인도 경제/부동산에 대해서 더 잘 알게 됐다고 합니다.

근래 많은 30대, 40대 엄마들이 부동산 공부나 재테크 공부를 열심히 하는 것으로 알고 있습니다. 하지만, 공부만 열심히 하지 거의 실천에 옮기지는 못하고 있습니다. 여기서 실천은 투자를 말합니다. 종잣돈이 없거나, 바로 투자를 하기에는 용기가 나지 않아서 못할 수도 있습니다. 그렇다면, 배운 것을 완전히 내 것으로 만들기 위해 자녀에게 경제 공부/부동산 공부를 가르치는 일부터 해보면 어떨까요? 자녀를 교육하면서 내가 더 배우게 되고, 안 보이는 것도 보이게 됩니다. 그리고 내가 알려줘야 정말 중요한 것이 무엇인지를 알게 되고, 그 지식이 소중하다는 것을 느끼게 됩니다.

이 책에서는 아이를 건물주로 만드는 것이 목표입니다. 그런데 건물주 아이 만들기 과정 속에는 숨겨져 있는 사실이 하나 있습니다. 아이를 건물주로 만들기 위해서는 부모가 먼저 건물주가 돼야만 한다는 것입니다. 그 이유는 부모가 아이의 스승이자, 투자자 롤모델이기 때문입니다.

진짜 아이를 건물주로 만들고 싶다면, 부모부터 건물주가 돼야 하고, 자녀의 멘토가 돼야만 합니다. 내가 건물주가 돼가면서, 자연스럽게 자녀에게 그 원리와 방법을 알려줄 수 있고, 배우고 경험한 내용을 전달할 수 있습니다.

70세 최 대표님의 경우, 본인도 건물주이고 자기 아들도 건물주입니다. 최 대표님 역시 처음부터 부유하게 잘 살지 않았습니다. 부동산으로 부자가 되기 위해서 피땀 흘려 노력했고, 자신이 하나하나 배울 때마다, 자녀에게 전달했습니다. 처음부터 쉽지는 않았다고 합니다. 하지만 부자가 되기 위해 공부해야 하는 것들이 학교에서 배우는 내용보다 훨씬 중요하다는 것을 알았기 때문에, 그 내용을 전달하려고 노력했습니다. 그 결과, 그 아들은 이른 나이에 건물주가 됐습니다.

부동산이든 경제든 알려주는 일이 어려운 것은 아닙니다. 하지만 돈과 관련된 공부가 학교 공부보다 더 중요합니다. 돈 공부를 우선순위에 두는 일은 쉽지 않습니다. 돈과 관련된 공부를 우선순위에 두고 싶다면, 부모부터 확신해야만 합니다. 그리고 내가 현재 돈을 벌고 건물주로 살아가기 위해 배운 내용을 하나씩 하나씩 자녀와 공유해 주기 바랍니다.

4) 돈 버는 능력, 유지 능력, 소비 능력

돈에 관한 능력을 가장 크게 키울 수 있는 나이대가 30대입니다. 열심히 돈을 버는 시기이기도 하고 왕성한 사회활동을 하는 시기이기도 하기 때문입니다. 돈 버는 능력에 관해서는 10대나 20대에서도 알려드렸지만, 돈이 돈을 버는 방법을 찾아내고, 거기에 맞게 파이프라인을 구축해야 합니다. 종잣돈이 있다면, 수익형 부동산에 투자해서 월세 받는 상품을 만들어야 합니다. 그와 동시에 자신이 가진 노하우로 콘텐츠(전자책, 유튜브 등)를 만들어 기타 소득을 만들어야 합니다.

요즘 20대 30대 직장인들에게 글쓰기 열풍이 한창입니다. 정확히 말하면 돈 되는 글쓰기입니다. 과거 글로 돈을 버는 것은 아무나 하는 일이 아니었습니다. 요즘은 그렇지 않습니다. 자신의 경험을 글로만 남겨도 돈을 벌 수가 있기 때문입니다. 또 30대 직장인의 경우 자신만의 업무 분야가 있을 것입니다. 이런 업무 분야의 보고서나 업무 필요 문서를 잘 모아두시기 바랍니다. 그리고 오픈 가능한 내용을 추려서 'ㅇㅇㅇ 문서 만드는 법' 등을 인터넷상에 공유해서 수익화 구조를 만들 수도 있습니다. 아니면, 'ㅇㅇ부서 업무 노하우' 같은 주제로 강의를 해서 돈을 벌 수도 있습니다. 요즘은 인터넷을 통해 재능을 보여주고 거기서 이익을 얻는 일이 너무나 자연스러운 현상이 됐습니다. 30년 이상 살아온 사람에게는 장점이나 기술은 반드시 있습니다. 그것을 글이나 말로 표현해서 돈을 버는 순간 당신의 돈 버는 능력은 크게 성장할 것입니다.

　돈에 관한 능력 중 소비 능력을 제일 조심하라고 이야기하고 싶습니다. 요즘 사회는 워라밸(work and life balance)이 대세인 분위기입니다. 과거 일 만하던 시절에 비하면, 개인의 복지와 정신 건강이 중요시되는 매우 좋은 현상이라고 생각합니다. 다만 워라밸이 안정된 경제생활을 망가뜨릴 수 있으므로 조심해야 합니다. 일과 휴식의 균형을 찾는 것은 좋습니다. 휴식을 취할 때 사람들은 무분별하게 소비를 하는 경향이 있습니다. 자신에게 보상을 준다는 차원에서 과도한 소비를 하고, 이런 소비에 대해서 나는 받을 만한 사람이라고 스스로 세뇌합니다. 보상과 동기부여 측면에서 자기 보상은 좋은 일이지만 내 근로소득의 많은 부분을 워라밸 보상비로 채우는 것은 현명하지 못합니다. 워라밸을 위한 휴식 시간이 점점 길어지기 때문에, 한 달 카드 값에도 허덕이는 직장인들을 많이 보았습니다. 이런 일이 발생하는 근원적인 이유는 소비 능력을 제대로 기르지 못했기 때문입니다. 전 세대가 다 소비 능력이 가장 어렵고, 중요합니다. 그중 30대의 소비 능력이 정말 중요한 것은 본격적으로 큰돈을 버는 시기이고, 단시간에 종잣돈을 마련해 스노볼을 극대화할 수 있는 나이대이기 때문입니다. 이 능력을 잘 키우면, 30대부터 부동산투자를 시작한다고 해도, 안정적인 수익을 거두면서 건물주를 꿈꿀 수가 있습니다.

37살 자녀 2명을 둔 직장인 김OO 씨에게 2020년도에 부동산 공부법을 알려 드렸습니다. 당시 회사 일과 가정 일에 치여서 하루하루가 전쟁 같다고 말하던 때입니다. 경영 총무과에 10년 이상의 경험이 있었고, 그 분야에서는 이미 전문가나 마찬가지였습니다. 그분이 가장 고민한 것은 파이프라인을 빨리 만들기를 원하는 것이었습니다. 우선은 가지고 있던 3,000만 원을 투자해 수원에 있는 오피스텔을 이용한 파이프라인 만드는 법을 알려 드렸고, 또 자신의 경험과 능력을 바탕으로 하는 파이프라인 구축법(전자책 판매 및 유튜브 활용)도 알려 드렸습니다. 현재 월세 수익과 파이프라인을 통해서 월 300만 원의 월급 외 소득을 벌고 있으며, 2번째 투자를 준비하고 있습니다. 아무리 바빠도 정말 중요한 것이 무엇인지 생각하고 거기에 시간을 쏟으면 누구나 다 해낼 수 있는 것입니다.

30대 목표	종잣돈 마련, 부동산투자, 스노볼 효과 누리기				
전략	1. 경제 공부	2. 부동산 공부	3. 돈 능력 키우기	4. 투자하기	5. 스노볼
실천	• 서적 또는 교육기관	• 서적 또는 교육기관	• (직업 관련) 지식창업 • 소비 능력 주의	• 소액 수익형 상품 투자	• 투자 물건 수량 증가 또는 높은 월세를 받을 수 있는 물건 투자

4
나이 들어도
결코 늦지 않은 건물주 되기

나는 과거를 생각하지 않습니다.
중요한 것은 끝없는 현재뿐이지요.

_ 윌리엄 서머싯 몸

　부모는 앞에서 설명한 10대부터 30대 전략을 자세히 읽고 익혀 두시기 바랍니다. 자신이 건물주가 아닌 이상, 자녀와 함께 건물주 프로세스를 진행해야 합니다. 부모가 공부하지 않으면서 자녀에게 건물주의 내용을 가르칠 수 없습니다. 내가 투자를 하지 않으면서 자녀 보고 투자하라고 이야기할 수 없습니다. 먼저 나부터 건물주 프로세스, 경제 공부, 부동산 공부를 하시기 바랍니다. 그리고 건물주 스텝을 밟아 나아가야 합니다. 자녀를 가르치는 부분은 이미 앞에서 많이 이야기 했으니, 하나씩 자녀에게 적용하시기 바랍니다.

부모의 결심이 제일 중요합니다. 부모의 결심으로 내 가족이 달라지고, 우리 집의 부의 크기가 달라지고, 인생이 달라지기 때문입니다. 확고한 결심을 하고 나서는 경제 공부/부동산 공부를 철저히 하기 바랍니다. 공부를 했다면 종잣돈을 활용해서 파이프라인을 만들어가야 합니다. 만약 종잣돈이 없다면 돈 버는 능력을 키워서 종잣돈을 마련해야 합니다. 그리고 파이프라인을 통해서 스노볼 효과를 냅니다. 그 스노볼로 돈을 모아서 꼬마빌딩을 살 수 있는 금액(10억~50억)을 마련하고 건물주가 돼야 합니다. 그리고 건물과 여러 부동산의 스노볼 효과를 통해서 100억 원 이상의 건물주가 될 수 있습니다.

건물주가 되기로 결심한 당신은 이 모든 프로세스를 다 이뤄내야 합니다. 그리고 동시에 당신의 자녀를 건물주로 이끌어 줘야 합니다. 어떤 분들은 나는 "나이가 많아서 이미 늦었어."라고 말하는 분들이 계십니다. 이 세상에 늦은 건 없습니다. 누구나 다 건물주가 될 수 있습니다.

65살 박 사장님을 2017년도에 만났습니다. 그분은 자녀가 다 성인이 됐고, 은퇴했지만, 여전히 일하고 계셨습니다. 은퇴 및 모아 놓은 자금으로 2억 원 정도의 여유 자금이 있었지만, 어떻게 사용해야 할지를 몰라서 은행에 고스란히 저축하고 있으셨습니다. 지인의 권유로 그분을 알게 됐고, 그분에게 영등포구, 강서구에 있는 오피스텔을 안내해서 수익형 부동산 파이프라인을 구축할 수 있게 도와 드렸습니다. 처음 시작은 월세 150만 원 정도를 받는 일이었습니다. 월세로 수익을 낼 수 있는 부동산을 차츰 차츰 늘려 나갔고, 2년이 지났을 무렵 투자한 부동산 시세가 전체적으로 크게 올라서, 월세 수익 외 기존 투자금의 2배 이상의 금액을 벌게 됐습니다. 이때 다시 한번 저를 찾아오셨고, 그 자금을 바탕으로 꼬마빌딩의 건물주가 되게끔 도와 드렸습니다.

이외에도 건물주가 될 수 있게 도와 드린 사례는 여러 차례가 있습니다. 재미나게도 건물주가 되신 분들은 다 끊임없이 공부하고 부동산을 제대로 보실 줄 안다는 것입니다. 47살 황○○ 씨의 경우는 자신의 파이프라인을 구축하고 있었습니다. 다만 자신의 자녀를 건물주로 키워야 한다는 생각은 전혀 못 했습니다. 자녀가 건물주 되는 일의 중요성을 알려드리고, 그 일을 같이 진행한 결과, 그분의 자녀는, 20대 초반에 사업체를 운영하기 시작하고 나서 자신이 번 돈을 부동산 파이프라인 구축하는 데 집중한 결과, 마포구 및 구로구 사무실과 오피스텔의 월세 수입만으로 300만 원 이상의 소득을 벌고 있습니다.

정확하게 가는 길만 알아도, 사람들은 알아서 잘 가게 돼 있습니다. 길을 몰라서 엉뚱한 곳에서 많은 시간을 허비하게 되는 것이죠. 이미 큰 그림과 중간 목표도 알려 드렸고 그에 따른 계획도 알게 되셨으리라 봅니다. 이제는 자신의 상황에 맞게 하나씩 하나씩 실천해 나가는 일만 남았습니다.

건물주 아이 키우기의 진정한 주인공

이 책의 진짜 주인공은 자녀가 있고 한참 많은 돈을 벌어야 하는 부모입니다. 직장 월급을 모아 크게 벌기도 힘들고, 재테크를 하자니 뾰족한 답을 찾을 수 없는 부모의 마음을 너무 잘 알기 때문에, 이 책을 쓴 것입니다. 자녀를 둔 30대 이상의 부모들은 다 비슷한 심정으로 한국 사회를 살아갈 것입니다. 집이 없는 사람들은 연일 올라가는 집값 때문에 한숨을 쉬게 되고, 집이 있는 사람들은 집으로 나갈 돈만 많아져서 한숨을 쉬게 됩니다. 돈을 더 벌어야 하는데 방법은 없고 오리무중의 심정으로 살아가고 있음을 잘 알고 있습니다.

하지만 방법이 없는 것은 아닙니다. 재테크나 투자 역시 시세차익과 같은 투자 방식에 집중하기 때문에 어떻게 해야 하는지를 모르는 것입니다. 책 전반에 걸쳐 계속 나오는 이야기이지만, 건물주는 현금흐름에 기준을 맞춘 투자의 끝판왕입니다. 현금흐름의 끝판왕이 되기 위해서는 현금흐름으로 돈 버는 방법을 알고 익혀야 합니다. 아파트와 같은 시세차익으로 돈을 벌고자 하니 답이 보이지 않는 것입니다. 그리고 돈을 벌 확률도 놓치게 되는 것입니다.

이것은 마치 건물주가 되기 위해서 학교 공부보다 돈 공부를 중요하게 이야기하는 것처럼, 진짜 건물주가 되기 위해서 시세차익보다는 현금흐름에 집중하라고 이야기하는 것과 같은 것입니다.

노동을 통해 돈을 버는 것도, 직장에 올인하는 것이 아니라, 돈이 돈을 버는 구조를 만들라고 이야기를 했습니다. 다 같습니다. 공부하는 것도 시험을 위한 공부가 아니라, 돈 공부를 해야 합니다. 돈을 버는 방법도 안정된 직장인의 노예 생활이 아니라, 파이프라인을 구축하는 방법으로 벌어야 합니다. 투자하는 방법도 한 방 노리는 시세차익이 아니라 현금흐름이 계속 생겨나는 수익형 방식에 투자해야 합니다.

남들이 다 하는 방법으로는 부자가 될 수 없는 것입니다. 내가 부자가 돼야 하겠고 기존의 방식으로 안 된다는 사실을 알았는데, 왜 아직도 남들이 하는 똑같은 방식으로 투자를 하려는지 답답하기만 합니다. 사회화가 끊임없이 미치는 안 좋은 결과 중에 하나라고 생각이 됩니다.

공부도, 돈 버는 것도, 투자도 다 똑같습니다. 남들이 하라고 하는 방법, 언론에서 말하는 방법에서 벗어나세요. 그렇게 했을 때 새로운 것이 보이고, 부자가 되는 길에 들어설 수가 있습니다. 건물주 아이 키우기 프로세스의 주인공은 당신이라는 사실을 잊지 마세요. 그리고 제가 알려드리는 것을 잘 익혀서 실천해 가시기 바랍니다.

PART 4

부동산투자할 때
8가지 규칙 모르면
후회한다

땅은 노화되지도 않고,
사람들에게 영원히 필요하다.
그러므로 땅값은 떨어지지 않는다.
_본문에서

제대로 공부 안 하고 투자했다가는 큰 실패를 경험할 수도 있습니다.

제 투자 실패 사례를 이야기해 드리겠습니다. 부동산투자 초보 시절, 무조건 유명한 곳에만 투자하면 잘 된다고 생각하던 때였습니다. 당시, 강남에 한 오피스텔 분양 광고를 보게 됐습니다. 그 지역은 누구나 들으면 알 법한 장소였고, 우리나라 최고 비싼 지역 중 한 곳이었습니다. 아무런 생각 없이 물건을 보자마자 바로 계약을 진행했습니다. 그리고 이 오피스텔로 시세와 월세를 다 노릴 수 있다고 기대를 했습니다. 당시 상담사에게서 들은 이야기는 수익률 8% 이상이었기에, 좋은 물건을 샀다고 좋아했습니다. 하지만 등기를 치면서, 기대했던 것과는 아주 다르다는 것을 알 수 있었습니다. 비싼 임대료로 인해 세입자를 구하기 무척 힘들었고, 겨우겨우 세입자를 구했어도, 이것저것 다 빼고 계산하니 수익률은 3%도 나지 않았습니다. 안 그래도 큰돈이 묶여 있었는데, 결과까지 이렇게 되고 나니, 기회비용도 날아가고, 수익도 형편없는 투자였습니다. 만약 당시, 시세차익과 수익형의 구분을 명확히 알았다면, 지역별 가격의 차이를 정확하게 볼 줄 알았다면, 실패하는 투자는 하지 않았을 것입니다.

이런 실패 사례 이외에도 부동산을 제대로 공부하지 않고 덤벼들었다가 큰코다친 사례는 많이 있습니다. 부동산의 기본적인 내용만 알아도 이런 실수나 실패는 경험하지 않습니다. 그리고 부동산만큼 기본이 중요한 투자 분야도 없을 것입니다. 뒤에서 배우게 될 부동산 필수지식은 꼭 알아둬야만 하는 내용입니다.

이번에 알려드리는 부동산 지식 역시 현장에서만 꼭 필요한 내용입니다. 이 지식이 부동산의 전부라고 말할 만큼 중요한 내용을 알려 드릴 것입니다. 자녀에게 경제 공부를 시키면서 부동산 지식도 전달하기 바랍니다.

1
부동산투자 3요소가
부동산의 전부

가장 높은 곳에 올라가려면,
가장 낮은 곳부터 시작하라!
_푸블릴리우스 시루스

부동산투자의 3요소는 '입지, 수요, 물건'입니다.

만약에 자신이 '입지, 수요, 물건'에 전문가라고 자신 있게 이야기를 할 수 있다면 부동산의 전문가라고 불러도 됩니다. 부동산 관련해 어떤 지식도, 전략도, 기술도 이 3가지 요소 안에 다 들어갑니다. 그만큼 부동산의 3요소는 매우 중요한 것입니다. 만약 내가 당장 어떤 부동산 물건을 분석해야 하고, 평가해야 한다면 입지, 수요, 물건 순으로 하나씩 따져 보면 됩니다. 그 안에서 쉽게 답을 찾을 수 있기 때문입니다. 자, 부동산의 근본이 되고 가장 중요한 입지부터 보겠습니다.

1) 입지

입지는 아주 단순하게 말하면 땅(土)입니다. 그 땅 중에서도 부동산에서 말하는 입지는 '인간이 경제활동을 하기 위해 선택한 장소'를 말합니다. 다른 말로 부동산 건물이 있는 땅은 다 입지라고 보면 됩니다. 그런데 왜 입지가 그렇게 중요하다 중요하다고 할까요? 그냥 흙이고 대한민국 안에 있으면 전부 다 같은 땅 아닌가요? 다 흙인 것도 맞고, 대한민국 땅인 것도 맞습니다. 그런데, 중요한 차이가 있습니다.

더 좋은 땅, 속칭 돈 되는 땅이 부동산에서는 좋은 땅입니다. 돈이 되는 땅이냐 아니냐에 따라서 입지가 좋다 나쁘다고 이야기를 할 수 있습니다. 그렇다면 돈 되는 땅은 무엇이고? 돈이 안 되는 땅은 무엇일까요? 바로 지정학적인 위치가 돈 되는 땅과 아닌 땅을 구분합니다.

쉽게 이야기하면, 사람들이 많이 몰리는 곳은 돈 되는 땅입니다. 사람들이 많이 몰리는 곳은 보통은 상거래가 발달한 곳입니다. 상거래가 발달한 곳은 많은 돈이 오고 간다는 것을 말하고, 경제활동이 매우 활발히 이루어지고 있는 곳을 말합니다. 그리고 이런 경제활동을 하기 위해서 사람들은 몰려들게 되고, 사람들이 몰려들기 때문에 교통이 발달 됩니다. 그래서 사람들은 더 많이 오게 됩니다. 누구나 오고

|그림 4|

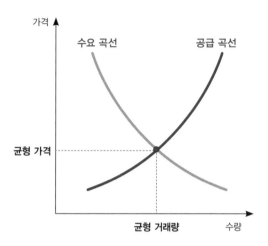

싶은 곳은 땅값이 올라가게 돼 있습니다.

땅은 한정돼 있습니다. 누구나 다 똑같은 땅을 가질 수는 없습니다. 그러므로 인기 있는 땅은 반드시 가격이 올라갈 수밖에 없는 것입니다. 너무나도 유명한 수요와 공급의 법칙이 땅에도 그대로 적용되는 것이기 때문입니다.

부동산은 땅으로 모든 것이 결정 난다고 해도 지나친 말이 아닙니다. 가끔 사람들은 건물의 가치 때문에 부동산의 차이가 생겨난다고 이야기를 합니다. 하지만 그것은 거리 차이가 별로 나지 않는 비슷한 위치에 있을 때 맞는 이야기입니다. 만약 거리 차이가 많이 난다면, 아무리 건물이 좋다고 해도, 입지가 더 좋은 곳의 가격이 더 높을 수밖에 없습니다.

예를 들면, 서울 강남의 R 브랜드 아파트가 20억 원 정도라고 해보겠습니다. 똑같은 R 브랜드 아파트를 서울이면서 강남이 아닌 곳에 옮겨다 놓는 순간, 15억 정도로 가격이 내려갑니다. 이번에는 R 브랜드 아파트를 경기도권에 옮겨가는 순간 10억 이하로 떨어집니다. 그리고 마지막으로 수도권을 벗어나는 순간 그 가격은 더 내려가게 됩니다. 왜 그런가요? 부동산 가격에 절대적으로 미치는 요소는 바로 땅이기 때문입니다.

부동산의 가격이 계속 올라가는 이유도 바로 땅 때문입니다. 땅, 즉 부동산의 입지가 얼마나 중요한지 감이 오시나요? 부동산은 돈을 투자해서 돈을 벌어야 하는 대상이기 때문에, 돈의 기준이 되는 입지가 가장 중요한 것입니다. 입지가 부동산의 투자 기준에 9할이라고 해도 지나친 말이 아닌 이유가 부동산 가치를 매기는 기준이 되기 때문입니다.

그렇다면 입지가 좋다고 말하는 기준에는 무엇이 있을까요? 바로 교통과 교육 인프라입니다. 이 두 가지가 입지에 가장 큰 요소라고 할 수 있습니다. 교통부터 살펴보면, 교통이 좋으면 당연히 사람들이 쉽게 오고 갈 수 있고, 경제활동을 하기에 편한 장소가 됩니다. 또 살기에 편한 장소이기도 합니다. 이런 교통에 가장 큰 영향을 미치는 것이 지하철입니다. 지하철이 있나 없나, 그리고 지하철역으로부터 거리가 얼마나 떨어져 있나에 따라서 땅값이 매우 달라집니다. 실사례로 서울 광진구에는 많은 오피스텔이 있습니다. 이때, 역세권(보통은 역에서 500m 이내)의 경우와 비역세권에 따라 월세 차이가 크게 납니다. 또 서울 어느 지역이든 역세권을 주변으로 상가들이 밀집해 있고, 역에 가까운 상가일수록 임대료가 더욱 비쌉니다.

교통이 입지에 절대적인 기준이지만 교육 환경이 교통을 누르는 경우도 종종 있습니다. 우리나라는 자녀 교육에 매우 민감합니다. 학원가가 잘 돼 있고, 면학 분위기가 좋다면, 엄마들은 돈이 얼마가 들어가든 생활이 불편하든 상관없이 개의치 않고 그곳으로 이사를 갑니다. 교육 환경이 좋은 곳은 어느 지역을 막론하고 부동산 가격이 매우 안정적이고 그 지역 부동산 가격에서 1, 2위를 다툽니다. 교육 인프라만 잘 봐도 전국 어디에 투자해야 하는지 쉽게 알 수 있습니다.

일례로, 김포 한강 신도시에 투자하는 김 씨에게 부동산 컨설팅을 해드린 적이 있습니다. 그분은 자신이 신도시에 곧 입주할 예정이었고, 가장 좋은 입지를 추천해 달라고 부탁을 했습니다. 사실 신도시는 인프라가 다 갖춰져 있지 않기 때문에 미래가치를 알아보기가 쉽지는 않습니다. 다만 가장 확실한 방법이 있습니다. 바로 학원가를 눈여겨보는 것입니다. 신도시의 성격은 보통은 베드타운입니다. 그리고 초중고 자녀를 둔 가족이 신도시에 머무는 경우가 대부분입니다. 초중고 자녀는 무조건 학원을 가게 돼 있고, 신도시 내에서도 학원이 잘 돼 있는 곳에 투자하게 되면, 신도시 다른 지역보다 더 좋은 결과를 얻게 돼 있습니다. 그분에게도 교육 인프라에 대해 알려 드렸고, 결과적으로 성공적인 투자를 할 수 있었습니다.

서울의 강남이 비싼 이유는 입지의 두 요소, 교통과 교육인프라를 완벽하게 갖추었기 때문입니다. 교통과 교육 요소가 우리나라에서 강남을 따라올 곳은 없습니다. (여담이지만 두 요소 중에 하나라도 빠지게 되면, 강남의 집값은 내려갑니다. 이명박 정부 시절 고교 다양화 프로젝트로 강남 집값이 제일 안정화된 시기라고 말하는 전문가들도 있습니다.)

입지에 관해서는 밤을 새워서 이야기해도 모자랄 정도로 할 이야기가 많습니다. 우선은 입지가 부동산에서 가장 중요한 것이고, 교통과 교육이 입지에 미치는 영향은 절대적이라는 사실을 무조건 알고 계시기 바랍니다. 이 두 가지를 다 갖춘 곳은 부동산 가격이 내려가는 것을 본 적이 거의 없으며, 부동산 가격이 올라가는 시기에 이 지역은 항상 제일 먼저 올라가는 경향을 보이게 돼 있습니다.

2) 수요

수요는 해당 지역 부동산 구매를 원하는 숫자를 말합니다. 부동산은 한정돼 있으므로 찾는 사람이 많을수록 땅값은 올라간다고 이야기해드렸습니다. 입지에서 보았듯이 입지가 좋은 곳은 당연히 수요가 많습니다. 그럼 "입지=수요 아닌가요?" 혹은 "따로 수요를 봐야 하는 이유가 있나요?"라고 물어보실 수 있습니다.

네, 당연히 그렇게 생각하실 수도 있습니다. 하지만 입지가 좋지 않아도 수요로 인해서 부동산 가격이 올라가는 경우가 있으므로, 수요를 반드시 고려하라고 이야기하고 싶은 것입니다. 실제 남해 중공업 단지의 경우 중공업 단지의 증가로 거주하는 인구의 숫자가 계속 늘어나게 됐습니다. 기존에 있던 그 지역은 거주하기에 좋은 곳이 아니었습니다. 늘어나는 수요층으로 인해서 자연스럽게 지역 부동산 가격이 올라갔습니다.

비슷한 이야기로 수요가 부동산 가치를 올린다는 이야기는 공급이 부족한 경우를 말합니다.

투자자들이 부동산을 투자할 때 입지 좋은 곳을 1순위로 선정합니다. 하지만 입지가 아무리 좋아도 공급이 넘쳐나는 곳은 상대적으로 가격이 내려가게 됩니다. 입지가 평범해도 공급이 부족하고 수요가 점차 늘어난다면, 그곳은 투자하기에 매우 좋은 곳이라고 할 수 있습니다. 또한, 수요가 몰리는 지역은 항상 주목해야 합니다. 도시 유입과 출입을 통계학적 자료를 통해서 보아도 수요 통계치를 근거로 어느 도시와 지역이 뜨고 있음을 알 수 있습니다.

수요와 공급은 어떻게 보면 하나의 흐름이라고도 할 수 있습니다. 두 요소가 움직이면서 부동산 가격에 영향을 미치게 돼 있는 것입니다. 부동산의 입지를 정확히 파악하면서, 수요의 흐름을 아는 것이 매우 중요합니다. 그래야만 정확하게 가치 있는 부동산 물건을 파악할 수 있고, 제대로 된 투자를 할 수 있습니다.

3) 물건

여러 전문가가 부동산투자의 3요소를 말할 때, 1, 2순위가 입지와 수요라는 사실은 대부분 동의합니다. 마지막 3번째 요소는 의견이 조금씩 다릅니다. 전문가마다 편의시설, 공실, 수익률 등등 여러 이야기를 합니다. 저는 이것을 다 총망라하는 표현이 바로 '물건'이라고 생각합니다. 입지와 수요는 투자의 기본입니다. 그리고 입지와 수요를 고려하지 않고서는 부동산투자를 생각할 수는 없습니다. 그렇다면 입지와 수요를 다 고려하면 끝일까요? 개인적으로는 입지와 수요는 기본이고 아주 큰 뼈대라고 표현하고 싶습니다. 그리고 그 디테일은 '물건'

서울대 가기보다 쉬운 내 아이 건물주 되기

이 완성 시킨다고 표현할 수 있습니다.

예를 들어보겠습니다. 서울의 강남역세권을 생각해 봅니다. 입지 좋고 수요 좋습니다. 누구나 인정하는 곳입니다. 그런데 문제가 있습니다. 서울 강남역세권에 투자할 수 있는 것이 한두 개밖에 없을까요? 아닙니다. 투자할 곳은 매우 많습니다. 그럼 어떤 기준으로 투자를 할 것인가요? 이때부터가 디테일이고 노하우라고 할 수 있습니다. 사실 입지와 수요는 어느 정도 정해져 있습니다. 그리고 하루아침에 쉽게 변하지 않습니다. 부동산을 어느 정도 공부하고, 투자를 한 사람들은 어떤 지역 이야기만 들어도 바로바로 대답이 나오는 이유가 거기에 있습니다. 입지와 수요는 변화가 빠르지 않고, 서서히 변하기 때문입니다. 하지만 물건부터는 이야기가 다릅니다.

내가 어떤 규모로 어떻게 투자할 것이냐에 따라서 투자 방향이 변하게 되고, 내 수익이 달라집니다.

그러면 물건을 보는 기준을 생각해 보겠습니다. 우선은 물건의 종류, 컨디션, 수익률 이렇게 크게 나눠 설명할 수 있습니다. 먼저 '종류'는 부동산의 종류를 말합니다. 기본적으로 투자 대상이 되는 아파트부터 오피스텔, 상가, 오피스, 지식산업센터, 생활형 숙박 시설 등등 매우 다양한 종류가 있습니다. 각 물건의 종류마다 투자 성격과 전략이 다릅니다. 각각의 성격을 잘 알아야 하고 어떤 방식으로 어떻게 투자할 것인지 생각을 해야 합니다.

그다음은 '컨디션'입니다. 물건의 종류가 정해졌다면, 그 물건의 년식, 편의시설, 규모 등을 비교해서 선택해야 합니다. 실례로 송파구 문정동의 한 S 오피스텔은 지하에 영화관이 있고 편의시설이 많습니다. 그 영향으로 인해 주변 다른 오피스텔보다 높은 월세를 받을 수 있습니다. 또 비슷한 곳에 있는 서로 다른 건물의 두 오피스의 경우, 1층에 브랜드 커피숍이 있느냐 없느냐에 따라 가격 차이가 나는 경우도 있습니다. 컨디션의 경우 물건 전반에 걸친 사항이기 때문에 그 디테일이 매우 중요해집니다. 우리의 목표인 건물주가 되기 위해서는 이런 디테일에 강해져야 합니다. 내가 한두 채 정도 가볍게 투자하고 더 이상의 부동산투자를 하지 않는다면, 작은 것 하나하나 신경 쓰지 않아도 됩니다. 하지만 내 꿈이 건물주가 되는 것이라면, 이런 디테일에 신경 쓰는 훈련을 미리 해야 합니다.

마지막으로 수익률입니다. 수익률은 부동산투자를 하는 최종 목표이겠지요? 입지, 수요, 물건을 잘 골랐다면 수익률은 평균 이상은 무조건 나오게 돼 있습니다. 단, 여기서 말하는 수익률은 시세차익으로 나오는 수익은 제외하고 난 금액을 말합니다. 공인중개사분들 중 투자를 유치하기 위해서 무리한 수익률을 말하는 경우가 있습니다. 사실 일정 수준의 수익률은 다 공개가 돼 있습니다. 그런데 무작정 10% 이상의 수익이 난다거나 하는 말을 듣게 된다면 조심할 필요가 있습니다. 물론 수익이 잘 난다면 20% 이상 나는 경우도 있습니다. 하지만 업계 평균이 있고, 이 평균 수치보다 과하게 많이 나는 경우는 조심해야 합니다. 더구나 시세로 나는 수익은 미래 가치입니다. 누구도 보장할 수 없습니다. 이 미래 가치는 포함하지 않고 수익률을 계산하는 훈련을 해야 합니다.

2
땅값은 결코
배신하지 않는다

건물에 있어서 가장 견고한 돌은
기초를 이루는 가장 밑에 있는 돌이다.

_ 칼릴 지브란

몇 번을 강조했지만, 땅값은 떨어지지 않습니다. 물건의 가격은 그 물건이 노후화되거나, 더는 사람들에게 필요가 없어져야 가격이 내려가는 것입니다. 그런데 땅은 어떤가요? 땅은 노화되지도 않고, 사람들에게 영원히 필요한 것입니다. 그러므로 땅값은 떨어지지 않고, 가격이 오르기만 합니다. 땅값에 대해서 매년 1월 나라에서 공식적으로 평가를 합니다. 그것을 '공시지가'*라고 말합니다. 이 공시지가가 중요한

---

* 공시지가를 확인하고 싶은 분들은 일사편리 http://kras.seoul.go.kr 에서 확인할 수 있습니다.

서울대 가기보다 쉬운 내 아이 건물주 되기

이유는 이 공시된 땅값에 따라서 세금을 거두기 때문입니다. 그리고 부동산 가격도 이 공시지가에 의해서 영향을 받습니다.

부동산은 크게 땅과 건물로 나누어져 있습니다. 땅값에 해당하는 부분이 공시지가라고 합니다. 보통 부동산을 분양을 받게 되면, 계약서상 총 분양가액을 확인할 수 있습니다. 이때 분양가액은 대지가, 건물가, 부가세를 합한 금액을 말합니다. 여기서 대지가로 부동산의 가치를 판단할 수 있습니다. 대지가가 높으면 높을수록 그 지역의 가치 평가가 높다고도 이야기할 수 있습니다.

보통 사람들은 부동산을 생각하게 되면, 아파트 같은 건물을 먼저 떠오르게 됩니다. 그렇기 때문에 땅은 거의 신경을 쓰지 않습니다. 하지만 이것은 부동산을 공부하는 처지에서는 문제가 있습니다. 건물은 부동산의 핵심이 아닙니다. 핵심은 땅입니다. 우리가 보통 물건을 구매하고 나면 그 물건은 중고 물건이 됩니다. 그리고 그 가격이 내려갑니다. 아파트든 빌딩이든 다 물건입니다. 사는 그 순간부터 그 부동산 물건은 노후화되고, 중고 물건이 되는 것입니다. 하지만 그 밑에 있는 땅은 사고 나서 시간이 지나도 절대 가격이 내려가지 않습니다. 오히려 올라갑니다. 그래서 부동산을 생각할 때는 건물만을 생각하는 것이 아니라, 먼저 땅을 봐야 하고, 이후 건물을 보는 것입니다. 이 부분은 제가 앞에서 입지, 수요를 보고 마지막 물건을 보는 것과 같은 이치라고 할 수 있습니다. 제가 이번 장을 땅과 건물을 구분해야 한다고 이야기하는 것이 조금은 이해가 되나요? 지금부터는 부동산을 볼 때 고개를 들어 건물을 보는 것이 아니라 땅을 먼저 보는 습관을 들이세요.

3
부동산 규제가
부동산투자에 미치는 실제 영향

"자유로운 사회를 지키고자 한다면,
어떤 바람직한 상태를 강요하는 것이
정당화할 수 없다는 사실을 분명하게 인식해야만 한다."

_하이에크

 부동산 업계에는 속설처럼 도는 이야기가 있습니다. 조선시대 중종 이후 부동산 가격은 계속 상승해왔다(중종 이후 현재까지 약 500년 정도) 는 이야기입니다. 근거가 있습니다. 중종 때부터 조선시대 인구가 급격하게 늘어나고 한양 근처의 집값이 매우 빠르게 상승한 자료가 있습니다. 또 이런 이야기도 있습니다. '한 번 사대문 밖을 벗어나면 다시는 돌아오지 못한다.' 말입니다. 이 속설 역시 조선왕조실록에 근거를 찾을 수 있습니다. 지방에서 한양으로 돌아온 관리들이 집값을 감당하지 못해서 조정에 하소연해서 집세를 여러 번 감해주었다는 문구가 나옵니다. 정부는 이런 집값 폭등을 잡기 위해 1가구 1주택을 시행하기도 하고, 땅을 사들여 집이 필요한 사람들에게 분양을 하기도 했습니다. 더구나 주거 안정 대책을 하기 위해서 산밑의 땅을 개간 후 토지를 분할해 분양해주었다는 기록도 확인이 됐습니다.

이런 내용은 무엇을 말하나요? 부동산 가격이 500년이나 상승해왔다는 것은, 부동산 정책은 500년 동안 실효성을 발휘하지 못했다는 이야기이기도 합니다.

꼭 이번 정부만의 문제가 아닙니다. 과거 어느 정부를 막론하고 집값을 규제 정책으로 잡은 적은 없습니다.

집값이 강제적으로 안정화 되거나 떨어진 경우는 근 30년 동안, IMF나 금융위기와 같은 큰 위기를 겪은 시기 뿐입니다. 과거를 보면 미래를 알 수 있습니다. 특정 정부를 주목해서 어떤 규제가 잘되고, 잘못되고를 평가하는 것은 아무런 의미가 없습니다. 왜냐하면, 규제를 아무리 많이 실행해도 시장의 논리와 움직임은 예측을 할 수 없는 것이기 때문입니다.

규제로 시장을 통제할 수 없다는 과거의 교훈을 하나 전해 드리고 싶습니다. 프랑스 18세기 로베스피에르(1758-1794)라는 인물의 비참한 이야기입니다. 프랑스 혁명이 끝나고 나서 물가가 많이 올랐습니다. 로베스피에르는 선한 의도로 반값 우유 정책을 펼쳤습니다. 의도는 물가를 안정화 하면서 아이들에게 우유를 마실 수 있도록 하기 위해서 였습니다. 의도한 대로 우유는 반값이 됐습니다. 하지만 우유 판매자들에게는 엄청난 손해를 입게 됐고, 우유 판매자들은 우유를 팔아서는 손해를 보게 생겼습니다. 결국 우유판매자들은 우유를 포기하고 젖소를 팔기 시작했습니다. 젖소가 팔리면서 우유 공급은 줄어들게 되고 공급이 부족해지자, 우유 가격은 훨씬 더 오르게 됐습니다. 로베스피에르는 이번에는 우유 가격을 낮추기 위해서 젖소의 수를 늘려야 되니 건초의 가격을 줄이자는 정책을 내놓았습니다. 건초 판매자들은 손해를 입게 되자 아예 건초를 불태워 버리게 됩니다. 결국 우유는 더 비싸지고, 잘못된 정책을 내놓은 결과로 로베스피에르는 사형을 당합니다.

아무리 선한 의도로 시행된 정책이라고 하더라도, 시장을 단순한 논리로 장악할 수 있다고 생각해서는 안됩니다. 훨씬 더 복잡한 요소가 꼬리에 꼬리를 물고, 여러 요소를 고려해야만 합니다. 땅 값은 계속 오르고, 자원은 한정돼 있으며, 인구가 늘어나는 사회 현상 속에서는, 부동산 가격은 우상향 하는 방향으로 계속 성장하게 됩니다.

어떤 규제 정책을 펼친다고 해도, 순간 영향을 줄 수 있을지 모르지만, 부동산 가격의 상승은 큰 경제적 어려움이 오지 않는 이상은 막을 수 없다는 것이 전문가들의 의견입니다. 과거를 보고 현재의 트렌드를 참고하면서 부동산의 큰 그림을 그릴 줄 알아야만 합니다. 부동산 가격은 어느 순간 훅 올라가고 훅 떨어지지 않습니다. 누군가에 의해

|그림 5| 서울 지역별 아파트 매매가격지수

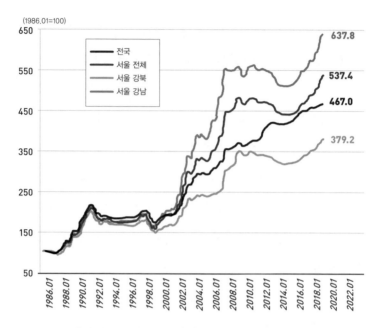

출처: "KB주택가격동향시계열", KB국민은행, 원 자료의 기준시점 변경.

쉽게 조정될 수도 없는 것입니다. 언론에서 말하는 것과는 다른 부분이 굉장히 많습니다. 정부의 의견과도 다른 부분이 많이 있습니다. 기본 현상, 트렌드, 그리고 과거의 경험을 주의 깊게 보면서 부동산에 대해 지식을 키워가기 바랍니다.

4
세금을 알아야
제대로 된 수익을 알 수 있다

세상에 확실하다고 말할 수 있는 건 아무것도 없다.
죽음과 세금 빼고는.
_ 벤저민 프랭클린

우리는 부동산을 통해서 건물주가 되고자 합니다. 건물주가 되고 나서도 항상 신경 써야 할 것이 있습니다.

바로 세금입니다. 벤저민 프랭클린의 말처럼, 세금은 죽을 때까지 내야 하는 것으로, 영원히 벗어날 수 없습니다. 우리는 부동산 관련 세금이 무엇인지 아는 것이 중요합니다. 그리고 이런 세금이 얼마나 되는지 미리 알아야만, 내 수익을 정확하게 계산할 수가 있습니다.

부동산 관련 세금은 많이 복잡하고, 정책 변동이 심해서 세무사 또는 공인중개사에게 맡기는 경우가 많습니다. 편리성을 위해서 그럴 수도 있지만, 기본적인 세금 내용은 알고 있어야, 나에게 맞는 절세 혜택을 받을 수가 있습니다.

먼저 세금은 크게 국세와 지방세제로 나누어지게 됩니다.

시기별(주택 구매 시, 보유 시, 매도 시)로 내는 세금이 달라집니다.

우선 구매 시, 국세로 인지세, 상속세, 증여세를 내고, 지방세제로 취득세, 농어촌특별세, 지방교육세를 내게 됩니다. 보유 시, 국세로 종합부동산세, 농어촌특별세를 내고, 지방세제로 재산세, 지방교육세, 지역자원시설세를 내게 됩니다. 끝으로, 매도 시, 국세로 양도소득세, 지방세제로 지방소득세를 내게 됩니다.

| 그림 6 | 주택 거래 단계별 주요 세금

구분	국세	지방세제	
		지방세	관련 부가세
구입 시	인지세(계약서 작성하는 경우) 상속세(상속받은 경우) 증여세(증여받은 경우)	취득세	농어촌특별세(국세) 지방교육세
보유 시	종합부동산세(일정금액 초과하는 경우) 농어촌특별세(종합부동산세 부과된 경우)	재산세	지방교육세 지역자원시설세
매도 시	양도소득세	지방소득세	–

출처: 국세청

1) 취득세

세금 중 제일 먼저 발생 되는 거의 취득세입니다. 부동산 물건 구매 시 제일 먼저 내는 것입니다. 취득 후 60일 이내에 건 별로 내야 하고, 기한을 넘기면 가산세가 발생합니다. 1주택자냐 다주택자인지에 따라 금액이 다르기 때문에 당해 연도 법령을 꼭 확인해야 합니다.

| 그림 7 |

구분	1주택	2주택	3주택	법인 · 4주택↑
조정대상지역	1~3%	8%	12%	12%
非 조정대상지역	1~3%	1~3%	8%	12%

출처: 서울시 ETAX, 21년 4월 기준

2) 종합부동산세와 재산세

보유 시 발생하는 세금으로 종합부동산세와 재산세가 있습니다. 매년 7월과 9월에 재산세를 절반씩 내고 6월 1일 기준으로 납부대상이 결정됩니다. 이 내용으로 인해 집을 매도하는 사람의 경우 6월 1일 이전에 하는 것이 유리합니다. 또한, 개인별 주택 공시가격 합계가 6억 원 (1세대 1주택자의 경우 9억 원)을 초과하는 경우 매년 12월에 종합부동산세를 내면, 일정 세액 초과 시 분납도 가능합니다.

| 그림 8 |

과세 대상		합산방법	과세 기준금액
주택		인별 합산	주택공시가격 6억 원
토 지	종합 합산 토지		개별공시지가 5억 원
	별도 합산 토지		개별공시지가 80억 원

* 1세대 1주택자에 대해서는 3억 원을 기초공제한 후 과세한다.
출처: 서울시 ETAX

3) 양도소득세

양도소득세는 현재 가장 화두가 되는 세금입니다. 이 세금으로 인해 수익률의 차이가 엄청 발생하고, 정부에서 부동산 규제를 하기 위해 가장 크게 신경 쓰는 부분이 양도소득세이기 때문입니다.

양도소득세는 주택의 양도차익에서 필요경비, 장기보유특별공제, 기본공제 등을 차감한 항목에 양도소득세율 적용한 것으로, 주택수, 주택소유지역, 보유기간, 거주여부 등에 따라 양도소득세액은 크게 차이가 나게 돼 있습니다.

5

부자들이 말하는
'자산'은 다르다

학교를 졸업하고 나면 은행은 학교성적을 묻지도 않고 관심도 없어.
은행이 알고 싶어 하는 것은 단지 너의 재정 보고서일 뿐이야.
재정보고서는 사회생활의 성적표지.
_『부자들의 음모』 중에서, 로버트 기요사키

"그 사람 부동산으로 성공해서 자산이 30억이래."

"아니, 누구누구는 자산이 50억이나 된대."

이런 이야기 들으면 어떤 생각이 떠오르시나요? 10억도 아니고 수
십 억 원을 소유한 사람이라면 부자라는 생각이 들지 않나요? 그리고
아~ 나도 저렇게 되고 싶다는 마음이 들지 않으세요?

그런데 이 말에 함정이 하나 있습니다. 현금으로 30억 원이나 50억
원을 보유 했다는 이야기가 아니라 자산이 30억 원, 50억 원이라는
이야기입니다. 요즘 강남에 집 한 채 소유해도 자산이 20억 원이 넘습

니다. 서울에 집 하나만 가지고 있어도 평균 9억 원에서 10억 원이 넘습니다. 이런 분들이 정말 많은데 그분들이 부자인가요?

오히려 수십억 원을 깔고 앉아 있고 세금만 내는 하우스 푸어들은 아닐까요? 자산이 얼마 있다고 말하지만 사실 그 자산의 크기는 의미가 없습니다. 내가 얼마의 부동산을 소유하고 있다고 하더라도, 당장 내가 그 돈을 사용할 수 없다면, 그것은 자산이 아닙니다. 그리고 그 부동산으로 세금을 내야 한다면 그것은 부채입니다.

21년도 4월 기준 1세대 1주택자가, 서울 15억 원 부동산에 따른 세금이 약 700만 원이 넘습니다. 매월 60만 원이 넘는 돈을 나라에 지급해야 합니다. 만약 내가 더 비싼 부동산을 소유하고 있다면 내야 하는 세금은 더 올라갑니다. 그래서 자산이 얼마나 있다는 사실이 중요한 것이 아닙니다.

한 가지 예를 들어보겠습니다. 강남에 아파트만 3채를 가지고 계신 분이 있습니다. 이분의 자산 가치가 80억이 넘습니다. 그런데 세금으로 나가는 돈이 매월 수백만 원입니다. 이분은 세금 내느라 기본 생활이 아주 형편없습니다. 집을 팔고 싶은데 사실상, 양도세 취득세 때문에 팔지도 못하고 오도 가도 못 하는 상황에 놓여 있습니다. 본인을 강남 거지라고 표현할 정도로 애석한 상황입니다. 집값이 오르는 것은 좋으나 그것을 현금화해서 내가 사용할 수 있게 만들어야 의미가 있는 것이지 단순히 자산만 늘리는 것은 의미가 없는 것입니다.

그래서 부자들은 집을 소유하게 됐을 때 자산의 목록에 포함하지 않고, 오히려 부채의 목록에 포함 시킵니다. 20억 원의 자산이 아니라, 20억 원 때문에 나가야 하는 비용을 계산해서 부채에 포함하는 것입니다. 그리고 진짜 자산은 나에게 돈을 벌어다 주는 재산만을 포함합니다.

제가 아는 영등포의 부동산 부자가 있습니다. 이분은 영등포 일대 아파트를 10채를 가지고 있습니다. 위의 예에서 보면 이분이 내야 하는 세금은 어마어마할 것입니다. 그런데 똑같은 10채라고 하더라도 이 사람은 다 월세를 주고 있습니다. 월세와 세금을 내고도 매월 나에게 들어오는 수익이 발생합니다. 이렇게 되면 이 부동산 들은 자산에 포함 시킬 수가 있습니다. 정리해서 말하면 부자들은 현금흐름을 발생시킬 수 있는 부동산만을 자산에 포함 시키고, 그렇지 않은 부동산은 부채에 포함 시킵니다. 이제 정리되나요? 나에게 정말 수익을 가져다주는 부동산 만이 자산이 될 수 있는 것입니다.

(누군가를 비난하고 싶은 마음은 없지만) 요즘 많은 부동산 인플루언서들이 SNS에서 등장하면서 부동산으로 얼마를 벌었다는 둥, 얼마짜리 부동산을 가지고 있다는 둥 그런 이야기를 많이 합니다. 그런데 정말 궁금한 것은 현금 흐름을 중요시 여기면서 부자들이 말하는 부동산 자산을 가진 사람은 얼마나 될까요? 대부분 시세차익만을 바라고 투자로 벌어들이는 이야기만 하는 것은 아닐까요?

시세차익과 수익형에 대해서는 뒤에서 자세히 이야기할 것입니다. 이번 장을 읽은 분들은 부동산에서 말하는 자산의 의미에 대해서 정확히 알기를 바랍니다. 한 마디로 "나에게 돈 벌어다 주는 부동산은 자산이고, 내 돈을 뺏어가는 부동산은 부채다."입니다! 만약 누군가 당신에게 와서 부동산투자를 권할 시 나를 하우스 푸어로 만들려고 하는 것인지 알면 제대로 된 부동산 부자로 만들려고 하는 것인지, 시험해 보시기 바랍니다. 진정한 자산의 의미를 아느냐 모르느냐 따라 그 진가를 알 수 있습니다.

6

부동산투자자가
사장님인 이유

사업의 비결은
다른 사람들은 아무도 모르고 있는 무엇인가를
아는 것이다.
_ 아리스토틀 오나시스

"투자자도 기업가다."

한국에서 전문 개인 투자자로 손꼽히는 박영옥 회장의 이야기입니다. 투자를 전문적으로 혹은 오랫동안 하다 보면, 제대로 큰돈을 벌기 위해서라면, 투자자도 사업가가 돼야 한다는 이야기에 공감이 들기 시작합니다. 실제로 부동산투자는 보통의 다른 투자와는 성격이 매우 다릅니다. 투자자가 할 수 있는 재테크의 종류를 한번 볼까요? 예금, 적금, 주식, 채권, 펀드, 외환, 금 등 여러 가지가 있습니다. 그중에서 실물을 가지고 하는 재테크는 부동산밖에 없습니다.

일반 다른 재테크는 일회성으로 큰 수익의 환금성을 목표로 하게 됩니다. 가령 주식의 경우, 쌀 때 사서 비쌀 때 파는 것입니다. 즉, 일회성으로 돈이 들어오는 구조입니다. 하지만 부동산의 경우, 수익형 상품으로 투자를 진행하게 되면 매월 나에게 돈이 들어옵니다. 물론 이렇게 정기적으로 들어오는 재테크 상품도 있지만, 흔한 형태는 아닙니다.

보통 사업이라고 하면 유무형의 상품을 만들고 판매해서 돈을 버는 구조를 말합니다. 부동산투자는 사실 일반적인 투자 상품과 사업과 중간입장에 있어 보이기도 합니다. 이런 사실 때문에 완전히 투자 방식으로만 취급해서도 안 되는 것입니다. 또 필요하다면 사업적인 시선으로 바라보는 것입니다. 부동산 필수 지식 편에서 이 이야기를 하는 이유는 부동산의 성격을 명확히 알아야 하기 때문입니다.

그렇다면 사업적 시각으로 부동산을 바라보게 될 때 반드시 생각해 두어야 할 것은 무엇일까요? 먼저 나의 물건에 관한 판단과 고려입니다. 사업하는 사람들은 자신의 아이템을 잘 팔기 위해서 끊임없이 연구하고 노력을 합니다. 그 가치를 더하기 위해서입니다. 부동산도 내가 투자한 물건이 있다면, 그것은 내 것입니다. 그리고 내가 어떻게 하느냐에 따라서 수익률이 많이 달라질 수 있습니다.

가령 몇 년 전 이 모 씨는 종로에 3억 원을 투자해서 30년이 넘는 꼬마빌딩을 구매했습니다. 구매 당시 수익률 계산 시 2%도 나오지 않았습니다. 하지만, 몇 군데의 콘셉트 리모델링을 하고 나서, 현재 6% 이상의 임대수익을 받고 있습니다. 일반 재테크가 따라올 수 없다고 하는 영역이 바로 이런 부분입니다. 부동산은 내 노력으로 수익률을 높일 수가 있습니다. 그리고 전략만 잘 짜면 단기간 더 큰 수익률도 올릴 수 있습니다. 이런 형태가 재테크 보다 사업의 성격과 굉장히 닮아있습니다.

그래서 나라에서는 부동산투자를 임대사업자라는 제도까지 만들어서 운영하고 있습니다.

기왕 이야기가 나왔으니 임대사업제도에 대해서 살펴보겠습니다. 부동산 임대사업자는 크게 주택임대사업자와 일반임대사업자로 나누어지게 됩니다. 두 사업자의 혜택, 요건이 모두 다르므로 내 물건에 맞는 임대사업자를 신청해야 합니다.

주택임대사업자와 일반임대사업자 비교

■ 일반사항

같은 임대사업자이지만 신청 장소부터 다릅니다. 주택 임대사업자는 정부 주택과에서 신청할 수 있고 일반임대사업자는 세무서에서 신청 가능합니다. 그리고 온라인으로도 가능합니다. 두 임대사업자의 세부 내용은 렌트홈(https://www.renthome.go.kr)에서 자세히 참고하시면 됩니다. 다만 두 임대사업자 간에 생기는 부분에서 주의할 부분이 있습니다. 주택임대사업자의 경우 주거 전용이고, 일반임대사업자는 업무전용이라는 것입니다. 이 부분에서 대상이 달라지는데, 주택임대사업자는 아파트, 오피스텔, 빌라 등에 해당하는 물건에 등록 가능한 임대사업자이고, 일반임대사업자는 오피스, 상가 등에 해당하는 임대사업자로 알고 있어야 합니다. 등록 시기도 차이가 나기 때문에 꼭 물건의 성격에 맞추어서 등록해야만 합니다.

| 그림 9 |

	신청 장소	운용	등록 시기	의무임대 기간
주택임대사업자	시, 군, 구청, 주택과	주거 전용	취득 전 60일 이내	10년
일반임대사업자	세무서	업무전용	계약 일로부터 20일 이내	10년

■ 주의사항

두 임대사업자 간에 전입신고가 유무가 달라집니다. 전입신고가 민감한 사유는 세입자 기준에서 전입신고가 되면 세대주가 되고, 세입자에게 별도의 의료보험이 발생합니다. 그리고 임대사업자 본인도 두 사업자 간에 내야 하는 의료보험 성격이 달라집니다. 자세한 것은 그림 10의 표를 참고하시기 바랍니다.

이외에도 주택 수 포함/불포함 여부에 따라 내야 세금의 액수가 달라지기 때문에 오피스텔같이 주택임대사업자와 일반임대사업자를 다 등록 가능한 물건은 신중하게 선택을 해야 합니다.

| 그림 10 |

	전입신고	주택 수	의료보험
주택임대사업자	가능	포함	지역의료, 국민연금은 2,000만 원 초과 시 납부 해야 됨함
일반임대사업자	불가능	불포함	지역의료, 국민연금

■ 세금

실제로 세금 부분 때문에 임대사업자를 등록한다고 해도 지나친 말이 아닙니다. 두 임대사업자 간에 받을 수 있는 세금 감면 혜택이 다르므로 잘 보고 선택을 해야 합니다. 내가 투자한 부동산 물건의 세금이 어떤 식으로 나오는지는 알아야 하며, 받을 수 있는 감면 사항도 잘 알고 있어야 합니다. 다만, 내 물건이 많아지고 계산하기 어려운 때도 있습니다. 이럴 경우, 세무사 등을 통해서 자문하는 것도 좋은 방법이라고 할 수 있습니다.

| 그림 11 |

	취득세	재산세	종부세	부가가치세	양도소득세
주택 임대 사업자	60㎡ 이하 100% 면제, 200만 원 초과 시 85% 감면 적용	시가표준액 70%*0.25%,	매입 기준시가 6억 원 이하 합산 배제됨. (비수도권은 3억) 또한 임대료를 받는 경우는 종합소득세 신고의무가 있으며, 연 2천만 원 이하 분리과세/연 2천만 원 이상 종합과세가 적용	환급 불가	2년 이상 양도차익에 따라 6~42% 적용, 8년 이상 보유 시 특별공제 적용
일반 임대 사업자	4.6%	시가표준액 * 60% * 4단계 누진세율 적용	비과세	건물 가액의 10%를 환급받음. 임차인의 부가세 10% 신고납부 의무	1년 이상 양도차익에 따라 6~42% 적용

7

초보라면 '이것'과 '이것'을
모르면 안 된다

절대 어제를 후회하지 마라.
인생은 오늘의 내 안에 있고
내일은 스스로 만드는 것이다.

_ L. 론 하버드

부동산 시장에서 초보자가 하기 쉬운 투자 방법이 있습니다. 바로 청약과 분양입니다. 두 방법은 전부 현존하지는 않지만 앞으로 만들어질 물건에 투자하는 방식입니다. 대한민국에 살면서 청약과 분양이라는 말은 최소 한 번씩은 들어보았을 것입니다. 하지만 두 방법에 대해서 자세히 알지는 못할 것입니다. 잘만 활용하면, 매우 유용한 방법이고, 잘 못 하면, 영원히 부동산을 다시 쳐다보지 않게 될 수도 있습니다. 그래서 잘 알고 나의 상황에 맞게 투자 방법을 고려해야 합니다.

1) 청약의 달콤한 유혹, 그리고 영원한 노예계약

청약은 무주택자들이 내 집 마련을 하기 위한 제일 나은 방법이라고 할 수 있습니다. 투자의 성격보다는 안정되게 내 집 하나 마련하겠어라고 말씀하시는 분들에게 제일 좋은 방법입니다. 그리고 일정 기간이 지나고 가격이 올라서 그 집을 팔고 더 비싸고 좋은 집으로 간다면, 이 또한 좋은 재테크 방법이라고도 할 수 있습니다. 대한민국에서 가장 전통적인 방식이고, 모두가 다하는 재테크 방법입니다. 그런데 2가지 문제가 있습니다.

하나는 청약 당첨되기가 매우 힘들다는 것입니다. 로또 청약이라는 말이 나올 정도로 좋은 곳에 들어가기가 하늘의 별 따기입니다. 2020년 기준, 청약통장 가입자 수가 600만 명이 넘습니다. 2015년부터 2020년까지 서울 아파트 분양 물건이 3.7만여 건밖에 되지 않습니다. 당첨 확률은 1%도 되지 않습니다. 더구나 1순위 청약 후보가 되려면, 15년 이상의 무주택 기간, 자녀 두 명 이상, 17년 이상 기간의 10만 원 납부 등 청약조건도 어렵고 더구나 조건을 채워도 경쟁도 어마어마합니다. 여기서 끝이 아닙니다. 혹 당첨이 돼도 현재 집값이 얼마인가요? 10억이 넘습니다. 무주택자 담보대출이 잘 나와도 60%입니다. 그러면 나에게 4억은 있어야 투자 가능하다는 이야기입니다. 20·30대가 과연 청약으로 집을 살 수 있는 사람은 몇이나 될까요? 기본 집값이 너무나 올랐기 때문에 돈 있는 사람만이 로또를 살 수 있고, 돈 없는 사람은 이 기회조차 박탈당하게 됩니다. 그래서 청약은 점점 더 황금 로또로 불리게 되는 것입니다.

한 가지 더 생각해 볼 것이 있다면, 당첨되고 집을 산다고 해도, 예전 우리네 부모 세대처럼 조금씩 조금씩 집을 늘려가며 살기가 쉽지는 않습니다. 부모님 세대 당시 집값 상승률은 지금처럼 높지 않습니다. 하지만 지금은 집값의 상승률이 너무 높아서 집 값이 올라도 내가 가고자 하는 집값은 더 올랐기 때문에 이동이 불가능합니다. 예를 들어, 내가 10억 원의 아파트를 당첨이 돼서 샀습니다. 그리고 앞으로 이사 갈 집은 15억 원입니다. 5억만 마련하면 되겠지 라고 생각이 듭니다. 매년 5%씩 집값이 오른다고 가정 후 내 집은 2년 뒤, 11억 원이 돼 있습니다. 반면 15억 원짜리 집은 2년 뒤 16억 5천만 원이 돼 있습니다. (2년에 10%로 단순하게 계산했습니다) 내 집은 1억 원 올랐지만, 가기를 원하는 집은 1.5억 원이 오른 것입니다. 즉 갭 차이가 시간이 지날수록 점점 더 나게 된다는 사실입니다. 기본 집값이 저렴하면 그 가격을 따라가는 것이 어렵지 않습니다. 내가 아끼고 열심히 모으면 불가능한 것도 아니니까요, 하지만 현실은 다릅니다.

청약은 내 집 하나 마련하는 것을 생각하는 것이지 절대로 부자가 되는 길로 가는 것은 아닙니다. 또한, 청약하기 위해서 영끌(영혼까지 끌어올리기) 해서 돈을 모으고 빚을 져야 하므로, 투자는 생각도 못 하게 되고, 대출받은 것을 갚기 위해서 열심히 일해야만 합니다.

2) 잘하면 중박 못하면 쪽박, 분양

분양은 부동산 초보자가 투자를 배우고 접근하기 쉬운 영역이고, 잘하면 괜찮은 수익률을 거둘 수 있는 곳입니다. 다만 잘못하면 고생도 많이 할 수 있는 영역이기 때문에 신중하게 접근해야 합니다. 먼저 아파트와 비아파트 물건으로 구분해서 설명해야 할 것 같습니다. 분양 투자 방식은 아파트와 비아파트가 차이가 크게 나기 때문입니다. 아파트 분양권은 자칫 잘못하면 아파트 투기까지 될 수 있는 민감한 사항으로 아파트 분양권에 대해서 자세히 알고 접근할 필요가 있습니다.

아파트 분양

아파트 분양권은 주택 청약에 당첨하고 아파트에 입주할 수 있는 권리를 사고파는 것을 말합니다.

장점으로는 준공 전까지 취득세나 보유세 같은 세금을 낼 필요가 없으며, 프리미엄(흔히 P라고 불림)을 받고 팔 수도 있습니다. 단점으로는 청약 후 주변 공급 물량의 증가나 지역 호재 변동 등으로 인해 분양권의 인기가 떨어질 경우, 마이너스 P가 발생할 수 있습니다. 그리고 분양권은 현재 주택 수에 포함되기 때문에 내가 기존에 다른 부동산 물건을 가지고 있다면 세금 사항을 잘 고려해야 합니다. 또한, 아파트는 정부 규제의 주요 표적이기 때문에 분양권 취득 후 자금조달계획서를 입증하지 못할 시에 불이익을 받을 수 있다는 것을 명심해야 합니다.

조심할 점이 또 하나 있습니다. 분양권을 사고팔게 될 때 양도소득세 납부가 싫어서 다운 계약서를 작성하는 때도 있습니다. 다운 계약서는 거래가 보다 낮게 작성해서 양도소득세를 피하는 방법을 말합니다. 이것은 불법이고, 적발 시 과태료, 신고불성실 가산세, 납부불성실 가산세 등이 발생하니 주의하기 바랍니다.

세금 문제로 분양권 매도가 꺼려지신다면, 다운 계약서 보다는 양도소득세를 반영한 프리미엄 거래를 추천해 드립니다.

비아파트(수익형 물건) 분양

아파트를 제외한 물건에 대한 분양을 잘 살펴볼 필요가 있습니다. 처음 부동산투자자 입문자들에게는 소액의 수익형 투자가 제일 쉽습니다. 혹 잘못된 투자를 한다고 하더라도 내 인생에 그렇게 큰 손해가 나지는 않기 때문입니다.

수익형 부동산 분양의 장점은 잔금 전까지 계약금 이외에는 들어가는 돈이 없습니다. 일반적으로 중도금은 대부분 무이자 대출이 가능합니다. 그리고 일반임대사업자를 등록 후 분양권을 취득하게 되면 부가세를 환급받게 돼 있습니다. 만약 물건의 입지와 호재만 잘 받쳐준다면 프리미엄까지도 기대해 볼 수가 있습니다. 소액만 가지고도 투자할 수 있으므로 사람들이 제일 많이 투자 방식입니다. 주의할 점은 소액이기 때문에 크게 오를 것을 기대하면 안 됩니다.

보통 집값이 오르는 이야기를 할 때 아파트를 많이 이야기합니다. 하지만 생각해 볼까요? 서울 아파트 평균 가격은 (21년 3월 기준) 9억 ~10억 원이다. 그 몇 년 동안, 아파트가 1억 올랐네, 2억 올랐네 하는 이야기를 들어 보신 적 있을 겁니다. 하지만 수익형 물건은 2억 원대에서 4억 원대 정도 됩니다. 투자 금액이 아파트의 절반인데 1, 2억씩이나 오를 수 있을까요? 그러기는 쉽지 않습니다. 하지만 시세 수익률만 따진다면 아파트보다 좋다는 것을 알 수 있습니다. 수익형 부동산의 경우, 잘만 찾으면 10~20% 이상 오르는 물건을 찾을 수 있습니다.

개인적으로는 수익형 분양권 투자의 경우, 시세보다는 현금흐름 투자를 권장하기 때문에 월세로 나는 수익을 더 집중해서 살펴보라고 이야기합니다. 만약 월세형 흐름으로 투자를 진행한다면 한두 채만으로는 큰 이득을 얻기 어렵고, 최소 5채 이상을 운영해야 내 월급에 따르는 경제적 이득을 얻을 수 있습니다.

수익형 분양의 단점은 물건지 분석을 잘 하지 않으면 손해가 커질 수 있다는 것입니다. 전국적으로 수익형 부동산 분양하는 곳이 매우 많습니다. 생각 없이 분양하는 영업사원의 말만 믿고 덜컥 계약했다가는 손해를 보기 쉽습니다. 모델하우스에서 제시하는 수익률은 높게 잡는 경우가 많으므로 등기 시 기대했던 수익률에 절반에도 못 미치는 일을 경험할 수 있습니다. 수익형 부동산 분양의 경우 전문가의 의견을 잘 듣거나, 정확하게 분석을 해서 투자를 해야만 합니다.

8
부동산으로 돈을 버는 방법
단 두 가지

인생은 얼마나 좋은 카드를 손에 쥐었는지보다
자신이 가지고 있는 카드를 얼마나 잘 활용하는지에 달려있다.
_조시 빌링스

부동산으로 돈을 버는 방법은 크게 단 두 가지입니다.

시세차익과 수익형입니다. 시세차익은 한 번에 큰돈을 버는 것이
고, 수익형은 짧은 주기로 돈을 조금씩 지속해서 버는 방법입니다. 당
연히 둘 다 위험이 있습니다. 당연히 시세차익형의 리스크가 더 크고
수익형의 리스크가 더 적습니다. 구체적으로 이야기하면 아파트나 꼬
마빌딩 같은 경우는 시세차익의 투자 물건에 속하고, 상가, 오피스텔,
큰 빌딩의 경우는 수익형에 해당합니다. 투자의 방향은 자신의 성격

서울대 가기보다 쉬운 내 아이 건물주 되기

과 취향에 따라 달라지기 때문에 이 부분에 맞고 틀리는 것은 없습니다. 두 부동산투자의 차이에 대해서 조금 더 자세히 알려드리겠습니다. 앞서서 임대사업자와 주택임대사업자의 차이를 설명했습니다. 법적인 규제와 혜택은 그 부분을 자세히 보시면 투자의 성격이 어느 정도 예상이 될 것입니다. 아래 내용에서 시세차익형 투자와 수익형 투자에 대해서 배우시기 바랍니다.

1) 시세차익형 투자, 양날의 검

현재 대한민국에서 부동산투자를 떠올리면 거의 다 아파트 투자이고 시세차익형 투자를 생각하게 됩니다. 그럴 수밖에 없는 것이 근 몇 년 동안 아파트값이 말도 안 되게 올랐기 때문이죠. 그래서 너나 할 것 없이 투자한다고 뛰어들고 정부는 이것을 막겠다고 규제란 규제는 다 동원하는 분위기입니다. 어떤 것이 옳다 그르다는 이야기를 하기 이전에 투자의 성격을 명확히 봤으면 합니다.

시세차익형 투자라는 것은 한 방을 노리는 것이고, 도박하는 사람들의 심리와도 유사하다고도 합니다. 그러므로 이런 투자법을 투기라고 부르는 사람들도 있습니다. 부동산투자를 맹목적으로 하면서 한방만 노리는 사람들은 투기꾼이 맞습니다. 하지만 집주인으로서 세입자의 편의 증대 목적으로 주거 환경을 더 좋게 만들고, 그로 인한 시세차익을 거둔다면 투기가 아닙니다. 앞선 예에서도 이야기해드렸지만 오래된 건물을 더 좋게 만들고, 이를 필요로 하는 사람에게 팔아서 그 이득을 남기는 방식은 투기라고 볼 수 없습니다. 또 거주자 편의시설을 만들고 주변 환경을 조성해서 해당 건물의 가치를 올리고 주변 부동산까지 좋은 영향을 주었다면 절대로 투기가 아닙니다. 이런 부동산 투자 문화는 더 지지 해주어야 합니다. 부동산은 주인의 마음 먹기에 따라서 더 좋은 거주 환경을 사람들에게 전달할 수 있기 때문입니다.

본인이 만약 시세차익 투자 유형의 사람이라면, 한방만 벌면 되는 투기형 투자는 하지 않았으면 좋겠습니다. 그리고 시세차익형 투자도 내 노력이 들어갔을 때 빛이 나는 것이지, 단순히 아파트값이 오른다고 무작정 아파트에 투자하는 것은 바람직하지 않습니다. 생각 없이 투자했다가, 만약 아파트값이 떨어지는 현상이 발생하면 어떻게 하실 겁니까?

절대 아파트는 값이 안 내려가니까 괜찮을 것이라고요? 예전에 그렇게 생각하다가 큰코다친 경우를 알려드리겠습니다. 1997년 외환위기 때, 대한민국은 매우 어려운 상황에 놓였습니다. 서민들 처지에서 대출을 받고 집 사고, 사업하며 생계를 유지해 갔는데, IMF가 터지고 나서 은행들이 대출금 일시상환을 요구합니다. 이것을 막지 못한 사람들은 집 날리고 거리로 나가게 되는 경우가 많았습니다. 당시 아파트 매물이 일시에 시장에 쏟아져 나왔고, 아파트 가격은 당시 시세 대비 반값 이하로 떨어지는 일들이 발생했습니다. 이런 현상은 IMF 때 이후 금융 위기 때도 비슷하게 발생했습니다. 부동산의 가격은 우상향하는 것은 맞습니다. 하지만 우상향도 오르락내리락 하면서 올라가는 것이지, 내려가는 기간에 버티지 못하면, 크게 손해를 볼 수 있습니다. 그러므로 시세차익형 부동산투자자는 항상 주의를 기울여야 하고, 자칫 잘못하면 부자가 될 기회를 한 번에 날려버릴 수가 있습니다.

2) 수익형 투자, 현금흐름에 집중하다

부동산 부자들이 어떻게 돈을 버는지 아시나요?

이 질문에 답을 알고 계신다면, 이번 장은 읽지 않으셔도 됩니다. 만약 위 질문에 바로 답이 나오지 않는다면 부동산 부자들의 돈 버는 방법을 아시기 바랍니다.

바로 현금흐름에 투자하는 것입니다. 파이프라인을 만드는 것이 중요하고 이것을 많이 그리고 빨리 만들수록 어린 나이에도 부자가 될 수 있습니다. 우리나라에서 부동산으로 파이프라인을 만드는 방법은 바로 수익형 부동산에 투자하는 것입니다.

지속적인 월세가 나오고, 그 밑천을 모아서 새로운 파이프라인을 만들고, 점차 확대해 가다 보면 그 금액은 눈덩이처럼 불어가게 돼 있는 것입니다. 저는 VIP 부자들의 포트폴리오를 기획하곤 합니다. 그러다 재미있는 사실을 발견합니다. 전체 부동산 포트폴리오 중에 최소 30%에서 많게는 80%까지 수익형 부동산으로 자산 구조를 계획합니다. 부동산 부자들이 시세차익형 투자를 안 하는 것은 아닙니다. 하지만 시세차익형 수익이 메인이 아니라는 것이 중요한 사실입니다. 우리가 목표로 하는 건물주를 한번 볼까요? 큰 건물을 사서 매입하고 다른 건물로 갈아 타려는 목적으로 건물을 살까요? 아닙니다. 큰 건물 사고 거기서 나오는 월세 따박따박 받으면서 편하게 살려는 것입니다. 월세를 따박 따박 받는 것이 무엇을 의미하나요? 수익형 부동산 아닌가요?

맞습니다. 현금흐름의 부자가 되는 게 우리의 목표입니다. 그리고 안정적으로 금액이 들어와야 여유 있는 삶을 살 수 있는 것입니다. 부자들은 시세차익형을 매우 조심합니다. 그 이유는 아무리 많이 올라도 팔지 않으면 소용없다는 논리 때문입니다. 오르면 오를수록 팔 수 없는 것이 사람 심리라는 것입니다. 결국, 세금만 많이 내게 되고, 팔지는 못하는 애물단지 부동산이 많다고까지 이야기합니다. 오히려 당장 손에 들어오는 몇십만 원이 삶과 생활을 바꿔준다는 것입니다.

내가 20억 원이라는 돈이 있어서 강남에 아파트 한 채를 샀습니다.

그리고 3개월 사이 2억 원이 올랐습니다. 팔 수 있을까요? 아마 못 파실 겁니다. 왜냐하면, 더 올라갈 것 같이 보이기 때문이죠. 그럼 언제 파나요? 아마 자식들 시집 장가가거나, 급전이 필요할 때나 팔 수 있을 겁니다. 내 자산이 22억 원이나 되는데 내 생활이 달라지는 것이 하나도 없다는 점이 시세차익형 투자의 한계입니다. 만약 수익형 투자를 해서 내가 쓰는 생활비에서 100만 원이 늘어난다면, 상대적으로 여유 있는 생활을 하게 되지 않을까요? 그리고 매년 100만 원씩 늘어난다면 어떨까요? 매우 행복하지 않겠습니까?

이것이 수익형 부동산투자의 비밀이고, 일반인들이 잘 모르는 투자방법입니다.

부동산 부자들은 무엇보다 이 법칙을 잘 알고 있습니다. 그리고 해외 부동산 부자들 역시 현금흐름에 목표를 두고 돈을 불려 나갑니다. 돈을 버는 방법은 여러 가지가 있을 수 있습니다. 하지만 부를 많이 이룬 사람일수록 내가 일하지 않아도 돈 버는 방법에 초점을 맞춥니다. 그리고 그것을 실천에 옮길수록 더 빨리 성공하는 것입니다. 나와 내 자녀가 건물주가 되기 위해서 부동산 공부를 한다면, 현금흐름에 집중할 수 있는 투자가 무엇인지 생각을 해보고, 부자와 같이 돈을 버는 방법을 내 삶에 적용해야만 합니다.

PART 5

부동산 달인이 되기 위한 11가지 투자 비법

모든 문제와 해결책은 현장에 있습니다.
_ 삼성전자 윤종용 부회장

부동산 거래를 하거나 임장을 나갈 때, 자녀와 함께 가는 게 좋은 부동산 교육이라고 강조한 바 있습니다. 그만큼 현장이 중요하기 때문입니다. 제가 많은 부동산 부자들을 만나고 컨설팅을 한 경험에 의하면, 답은 현장에 있습니다. 이 현장의 중요성을 알지 못하면 결코 건물주가 될 수 없습니다. 현장을 기초로 한 부동산투자는 실패할 확률이 크게 떨어집니다. '현장'에 좋은 매물이 있고, 매도 타이밍이 있습니다. 이번 장에서는 제가 알고 있는 '현장'의 지식을 기초로 투자하는 노하우를 알려드리겠습니다. 이미 많은 부자가 알고 있는 내용입니다.

1
부자는 현장을 둘러보지 않고 투자하지 않는다

1) 부자들은 다 아는 임장 노하우

"답은 늘 현장에 있다."라는 정몽구 회장의 말이 있습니다. 원체 유명한 이야기이기에 이 말을 모르는 분은 없을 것입니다. 하지만 이 말을 실천하는 사람은 적은 것 같습니다. 회사든 부동산이든 답은 현장에 나와 있습니다. 사람들은 귀찮아서 현장에 안 가는 것이지 어려워서 안 가는 것은 아닙니다. 부동산투자를 좀 한다는 사람은 무조건 현장에서 그 답을 찾게 돼 있습니다. 부동산으로 부자가 된 분들 역시 우선순위는 현장입니다. 소개해주는 사람들이나 인터넷으로 정보를 보는 것에는 한계가 있습니다. 보고 괜찮다는 곳은 무조건 가보고 그 땅을 밟아봐야 합니다.

현장을 둘러보지 않고 투자를 했다가 낭패를 당한 사례가 꽤 많습니다.

2년 전 지인 L 씨는 서산에 좋은 땅이 있다는 이야기를 들어서 투자를 하자고 제안을 해 왔습니다. 개인적 투자 방향과 맞지 않아서 땅 투자는 거절했습니다. 다만, 이 군에게 반드시 그 땅을 가보라고 조언했습니다. 그리고 반경 500m에서 1km까지 다 다녀 보라고 제안했습니다. 부동산투자자로서 현장 답사는 기본이기 때문입니다. 그리고 그 주변을 봐야 그 지역이 가치가 있는 곳인지 아닌지 알 수가 있습니다. L 씨는 알겠다고 대답을 하고 한 달간 소식이 없었습니다. 한 달 후 만났을 때 L 씨는 울상이었습니다. 이유는 그 땅을 투자했는데, 나중에 알고 보니 건축허가를 받을 수 없는 맹지였다고 하는 것입니다. 현장만 다녀왔어도 그런 실수는 저지르지 않았을 텐데, 왜 현장을 갔다오지 않았느냐고 물어보니? 소개해준 사람이 현장 사진이며, 위성사진을 너무 잘 보여주었고, 자신도 시간이 안 돼서 가지 않았다는 것입니다. (아이고~) 소개해준 사람도 몰랐다고 사과를 했다지만, 이미 엎질러진 물이기에 L 씨의 돈은 묶여 버린 것입니다.

2017년경 지인 경조사로 인해 K 씨는 대구에 갈 일이 생겼습니다.

평소 부동산투자에 관심 있던 K 씨는 대구까지 내려가니 투자할 만한 물건을 조사하고, 자신에게 맞는 몇몇 아파트와 오피스텔 확인 후 계약하기로 마음먹었습니다. 실제 대구에 내려가서 그 물건을 확인했는데, 인터넷으로 조사할 때와는 판이하였습니다. 인터넷 위성 지도에서 보이지 않던 하수 처리장이라던가, 적은 유동인구, 불편한 교통시설이 보이는 것입니다. 오히려 그 옆에 있던 이름도 없는 오피스텔은 매물을 찾기 힘들 정도로 인기가 많았고, 공실이 없는 것으로 확인됐습니다. K 씨는 공인중개사에게 그 오피스텔의 매물이 나오면 물건을 연결해 달라고 부탁했습니다. 이후 K 씨는 그 오피스텔을 계약할 수 있었고, 현재 안정된 월세를 받고 있습니다.

현장의 중요성은 말하나 마나입니다. 투자할지 말지는 현장에서 다 결정이 납니다.

개인적으로 부동산투자를 할 때도 현장에 무조건 갑니다. 저는 현장에 많이 가면 갈수록 더 좋은 투자처를 발견할 수 있다고 주장합니다. 왜 그러냐고요? 제가 하는 임장 노하우를 알려드리겠습니다.

우선 처음 가게 되면 다 어색합니다. 제일 먼저, 물건지 중심으로 자체 입지부터 확인해야 합니다. 지반은 괜찮은지, 경사로에 있지는 않은지, 옆 건물 그림자에 영향을 받지는 않은지, 상가 시설 위치는 편리한지, 제일 가까운 역이나 정류장은 얼마나 떨어져 있는지, 입주민 구성은 어떻게 되는지 등을 확인합니다. 처음 이것을 파악하는 데만 해도 반나절 이상은 꼬박 걸립니다.

이후 재방문 시, 주변 건물과 환경 쾌적성을 알아볼 필요가 있습니다. 주변 건물을 바꿀 수 있는 것도 아닌데 이것이 중요한지를 물어보는 경우가 있습니다. 네 중요합니다. 만약 주변에 공사계획이 잡혀 있는 건물이 있다면 내 부동산 가격에 큰 영향을 줄 수 있습니다. 그리고 주변 건물 중 대장 물건(그 지역 제일 비싼 건물)이 있다면 내 물건에도 영향을 미칠 수 있습니다. 공사 계획이든 대장 물건이든 시기와 관점에 따라서 투자하려는 부동산 물건에 많은 영향을 줄 수 있기 때문입니다. 환경 쾌적성도 잘 따져 봐야 합니다. 입주민의 처지에서 정말로 그 지역이 살기 좋은 곳인지 판단하는 것은 향후 안정된 월세 형성에 큰 영향을 미치기 때문입니다. 환경 쾌적성을 쉽게 파악하기 위해서는 근처 슈퍼마켓에 들르거나 지역 주민들에게 물어보는 것이 최고입니다. 그러면 그 지역이 살기 좋은 곳인지 안 좋은 곳인지 파악할 수 있습니다.

마지막으로 한번 더 방문할 수 있다면, 시간대를 달리해서 갈 것을 추천합니다. 이유는 낮에 보는 것과 밤에 보는 것이 다르기 때문입니다. 낮에는 좋아 보여도, 밤에는 의외의 단점이 눈에 보이는 경우가 있습니다. 광진구 화양동의 경우, 3개 대학이 인접해 있어서 오피스텔, 빌라, 연립이 많습니다. 낮에 화양동 오피스텔촌을 가게 되면 학교도 가깝고 역에서 가까워서 학생들이 살기에 좋아 보이고, 임대도 쉽게 맞출 수 있을 것으로 보입니다. 그런데 밤에 가보면 낮에는 보이지 않던 많은 유흥가가 눈에 뜨이게 됩니다. 유흥가로 인해서 주변 환경이 좋지 못해 학생보다 다른(?) 고객들이 해당 오피스텔에 거주하는 경우가 많고, 관리가 쉽지 않은 경우가 많습니다.

이처럼 3번 정도 현장을 방문하게 되면 투자에 확신도 얻을 수 있습니다. 투자하는 물건이 시세차익형 부동산이든, 수익형 부동산이든 다 마찬가지입니다. 투자 금액이 많으면 클수록 더 많이 가봐야 하고, 더 많은 조사를 해야 합니다. 그래야만 해당 물건의 리스크를 줄일 수가 있습니다. 건물을 여러 채 소유하고 있는 K 씨도 원하는 건물이 있으면, 그 건물 옆에 숙소를 잡고 한 달 정도를 지켜보며 투자할지 말지를 정한다고 하니 부동산에서 현장 방문이 얼마나 중요한지 실감할 수 있습니다.

많이 다녀 볼수록 부동산에 대한 눈이 커지게 됩니다. 책이나 인터넷을 통한 부동산 공부는 한계가 있습니다. "경험이 지식이다."라는 말이 있듯이 부동산의 현장 방문은 매우 중요합니다. 일찌감치 자녀에게 부동산 공부를 시키고 싶은 부모라면, 자녀에게 제일 먼저 알려줘야 하는 것이 현장의 중요성입니다. 처음부터 특별한 것을 알려줄 필요도 없고, 같이 다니면 됩니다. 사려고 하는 땅을 같이 걸으면서, 자녀에게 알려주는 것입니다. 이 땅, 이 건물을 사는 거야 그리고 사기 전에는 이렇게 걸어 다니면서 보는 거야 말고, 말이죠. '백문이불여일

방'입니다. 백 번 듣는 것 보다 한번 방문하는 것이 낳습니다. 같이 다니고 보여주면 자연스럽게 공부가 되고, 부동산에 접근하는 법을 알게 됩니다.

2) 능력 있는 공인중개사를 만나는 방법

부동산투자에서 가장 큰 인맥이자 돈줄은 바로 공인중개사입니다. 내가 아무리 좋은 현장을 찾았다고 해도, 원하는 물건을 소개해 줄 수 있는 사람은 지역 공인중개사입니다. 공인중개사와 친하게 지내면 지낼수록 자다 가도 떡이 나오는 법입니다. 공인중개사에게 가장 중요한 능력은 인맥과 정보력이기 때문에 좋은 공인중개사일수록 좋은 물건을 소개해 줄 수밖에 없습니다.

그 지역에 대해서 알고 싶다면 공인중개사는 그 지역 전문가입니다. 혹 어떤 분들은 특정 지역을 너무 잘 알아서 공인중개사를 만나볼 필요가 없다는 이야기를 하는 경우가 있습니다. 하지만, 아무리 그 지역을 잘 안다고 하더라도 과거 부동산투자 관점으로 접근을 하지 않았다면, 공인중개사를 꼭 만나보라고 추천해 드립니다. 그 지역을 잘 알고자 한다면, 부동산투자 관점으로 조사도 하고 공부도 해야 합니다. 이런 점 때문에 원주민인 공인중개사나 오랫동안 공인중개업을 해온 공인중개사를 만나 보라는 것입니다.

한 가지 안타까운 점은 공인중개사가 무조건 답이 아닐 수도 있습니다. 자신의 이득을 취하기 위해서 말도 안 되는 물건을 소개하는 공인중개사도 있고, 투자를 한 번도 안 해본 공인중개사도 있고, 규제를 정확하게 파악하지 못해 잘못된 정보를 알려 주는 공인중개사도 있습니다. 그래서 제대로 된 공인중개사를 만나는 일이 중요합니다. 능력 있는 공인중개사를 만나는 제일 나은 방법은 많이 만나 봐야 합니다. 저 역시 신규 물건 투자 때마다 공인중개사들을 두루 만나고 다니며, 이야기합니다. 그러다 보면 해당 공인중개사의 개인 의견과 공통 의견을 알게 되고, 어떤 물건을 투자해야 하는지 답을 얻을 수가 있습니다.

공인중개사와의 만남에서 중요한 점을 알려드리겠습니다.

우리가 공인중개사를 만나는 첫 번째 목적은 해당 지역에 정보를 듣기 위해서입니다. 그런데 정보만 쏙 듣고 가버리는 투자자를 좋아할 만한 공인중개사는 없습니다. 개인적으로 자주 보고 연락을 하며 친분을 쌓아야 공인중개사도 마음을 열고 좋은 물건을 소개해줄 가능성이 큽니다.

유명 부동산 인플루언서 김유라 씨는『마트 대신 부동산을 간다』라는 책을 낼 정도로 많은 정보를 부동산에서 얻었다고 이야기합니다. 그만큼 공인중개사와 친분을 쌓게 되면 얻을 수 있는 이득이 상당합니다. 처음 지역에 방문하면 최소 다섯 군데 공인중개사를 만날 것을 추천합니다. 관련 정보를 얻으면서 나와 잘 맞는 공인중개사와 친분을 쌓기 바랍니다. 부동산은 의식주 중 한 가지로 우리 삶의 일부입니다. 부동산 역시 사람이 하는 일이기 때문에, 사람과의 관계가 중요합니다. 그래서 공인중개사와 친해지는 것이 중요합니다.

공인중개사마다 주력 상품이 다르다는 것을 잘 알아 두어야 합니다. 보통 공인중개사는 모든 종류의 부동산 물건을 중개할 수 있습니다. 하지만 부동산의 종류는 다양하고 공인중개사마다 주로 거래하는 종목이 있습니다. 내가 투자하는 물건 거래를 많이 해본 공인중개사를 만나야만, 정확한 정보를 얻고 제대로 된 투자를 할 수 있습니다. 건물, 수익형, 아파트 모두 전문으로 하는 공인중개사가 있습니다. 공인중개사를 처음 만난 경우 경험 등을 물어보면서 넌지시 주력 업종을 확인하는 것도 방법입니다.

공인중개사와의 관계를 더 좋게 하려고, 소정의 선물을 주는 것도 관계개선에 도움이 됩니다. 공인중개사들은 보통 사무실에서 밥을 해 먹는 경우가 많습니다. (특히 여성 공인중개사면). 그래서 저는 저와 좋은 인연이 된 공인중개사분들에게 쌀을 보냅니다. 쌀 싫어하는 사람은 없습니다. 이렇게 좋은 관계를 유지하다 보면 투자하기 좋은 물건이

있을 때 먼저 연락을 주는 경우가 많습니다. (팁입니다)

그리고 기왕이면 부동산투자를 해본 공인중개사와 거래하기를 바랍니다. 공인중개사 중에서 의외로 부동산투자를 안 해본 사람들이 많습니다. 누구보다 투자기회가 많았음에도 부동산투자를 안 해보았다는 것은 투자자들의 마음을 헤아리기 힘들 것입니다. 부동산투자를 해봐야 무엇이 어려운지 알 수 있고, 거기서 오는 고충을 파악할 수 있습니다. 투자를 많이 해본 공인중개사일수록 투자자들의 필요한 부분을 정확히 파악하고 해결해 줄 수가 있습니다.

부동산투자 시 공인중개사에 대해서 제대로 평가하고 싶다면 세입자 접근 방법을 사용해 보는 것도 좋습니다. 신뢰할 수 있는 공인중개사를 만나지 못할 경우, 세입자의 입장으로 접근하는 것입니다. 다만, 이 방법은 자칫하면 공인중개사와의 신뢰를 잃을 수도 있으니 주의해서 사용하기 바랍니다. 세입자 역할 접근 방법이란 말 그대로 내가 세입자인 것처럼 행동하며 투자하려는 물건에 대한 의견을 물어보는 것입니다. 가령 K 씨는 망원동에 투자하려는 물건을 보러 갔습니다. 공인중개사의 소개로 A 오피스텔을 소개받았고 공실 없이 잘 돌아간다는 의견을 들었습니다. 상당히 마음에 들었지만, 돌다리도 두드리고 간다는 심정으로 향후 내방 의사를 비쳤습니다. K 씨는 다른 사람을 통해 세입자인척 접근해서 해당 공인중개사에게 물건을 문의하자 B 오피스텔이 더 살기 좋다면서 A 오피스텔을 추천하지 않는 것이었습니다. 투자자에게는 A 오피스텔을, 세입자에게는 B 오피스텔을 이야기한다는 것은 한번 생각해 볼 필요가 있습니다. 해당 공인중개사의 개인 사정도 있을 수 있습니다. 하지만 어떤 사정이든 이해관계가 섞여 있는 부분이기 때문에, 주의할 필요가 있습니다. 꼭 투자 전이 아니라고 하더라도 투자를 하고 나서도 내 물건에 세입자가 들어와 살기 좋은 곳인지 확인할 때 이 방법이 유용할 것입니다.

부동산투자 시 대부분 공인중개사 소개 물건에 투자하게 되지만, 명심해야 할 것이 한가지 있습니다. 투자는 본인이 하는 것입니다. 공인중개사를 믿고 투자하는 것이지만, 투자 결과는 신밖에 모릅니다. 투자에 영향을 미치는 요소는 매우 많으므로, 예상치 못한 변수로 인해 기대한 수익에 못 미칠 수도 있고, 손해를 보는 경우도 있습니다. 이런 부분을 고려하지 않고 투자 결과가 좋지 못할 경우, 공인중개사를 원망하고, 부동산투자에 손을 떼는 경우까지 생깁니다. 부동산투자자라면 내 안목과 실력을 키워야 합니다. 공인중개사 조언은 참고할 것이지 투자의 절대 기준으로 삼아서는 안 됩니다. 공인중개사 역시 사람입니다. 부동산 전문가이기도 하지만 모든 일에 완벽할 수 없고, 감정에 치우칠 수 있습니다. 여러 요소가 작용하기 때문에 공인중개사에게 완벽하게 의지하기보다는 투자 지역의 유용한 정보 조언에 도움받는 관계를 유지하는 것이 좋습니다.

끝으로 공인중개사 물건 및 지역에 대해 알려줄 때는 다 무료로 진

서울대 가기보다 쉬운 내 아이 건물주 되기

행하고, 하나의 계약 성사하기까지 많은 고생을 합니다. 투자자와 공인중개사 간에도 사람과 사람이 하는 일임을 생각해야 합니다. 나를 위해 수고해준 부분에 대해서는 최소한 성의를 보여주며, 상호 간에 좋은 신뢰를 쌓으라고 알려드리고 싶습니다.

2
부자들은
정부 정책을 꿰고 있다

보다 높은 성장을 목표로 한다면
무엇을 어떻게 성장시키려는 것인지를 명확하게 밝혀야 한다.

_ 사이먼 쿠즈네츠, 1971년 노벨 경제학상 수상

부동산 공부 초기 시절에 전문가들이 부동산 호재와 연관 지어 부동산 예측을 할 때는 무척 신기해하며 대단하다고 생각했습니다. '저 사람은 어디서 저런 정보를 들었을까?' '어떻게 알아맞힐 수 있을까?' 하면서 궁금해했었습니다. 그 예측이 맞을 때는 매우 놀라워했습니다. 그런데 그 예측을 하기 위한 기본 원리가 있었습니다. 대표적인 원리가 바로 정부 정책을 파악하는 것이었습니다.

지역별 도시 기본 계획이 있고, 도시마다 10년 단위 계획이 짜이게 됩니다. 그 계획안에서 개발이 이루어지기 때문에, 부동산 개발 방향도 어렵지 않게 예측이 가능해집니다. 그 개발 방향에 맞추어서 투자 수요도 움직여지게 됩니다. 이런 도시기본계획은 누구나 인터넷을 통해 확인할 수 있습니다.[*]

내가 사는 도시가 어떤 식으로 변해 갈지는 각 도시별 기본 계획안에 다 나와 있다고 보면 됩니다. 현재는 대부분 도시가 2030 플랜을 세웠습니다. 2030년까지 도시의 계발 사항이 짜여 있고 매년 1월마다, 변경 및 수정 업데이트합니다.

이 도시기본계획에 나와 있는 모든 내용을 볼 필요는 없습니다. 크게 구역별 개발 상황, 도시 교통 축 개발 사항, 지역 특화 사항 등을 중점적으로 보면 됩니다. 여기서는 서울 도시기본계획을 보며, 어떤 식으로 부동산투자에 대한 인사이트를 얻을 수 있는지 살펴보겠습니다.

---

[*] 토지이용규제정보서비스: http://luris.molit.go.kr

1) 공간 구조 설정 _3 도심 7 광역 중심 12 지역 중심 체제

서울은 크게 3도심(한양도성, 강남, 영등포 여의도)으로 나누어집니다. 그리고 부도심인 7개 지역(용산, 청량리/왕십리, 상암/수색, 창동/상계, 마곡, 가산/대림, 잠실)으로 구분합니다. 마지막으로 지역 중심 체제의 기준이 되는 12 지역(동대문, 망우, 미아, 성수, 신촌, 봉천, 목동, 천호/길동, 연신내/불광, 마포/공덕, 사당/이수, 수서/문정)으로 구분합니다.

| 그림 12 |

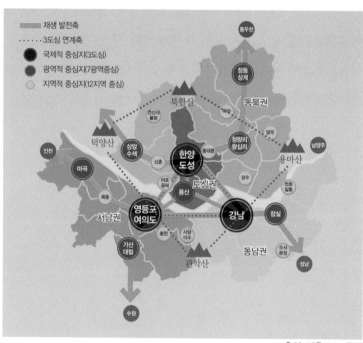

출처: 서울2030 플랜

서울대 가기보다 쉬운 내 아이 건물주 되기

2) 광역교통축

서울시의 광역 교통축을 자세히 보게 되면 10년에 걸친 교통 계발 상황이 나와 있습니다. 부동산을 볼 때 입지가 가장 중요하고, 입지의 첫 번째 조건이 교통이라고 앞서 이야기했습니다. 그 교통을 예측하는 단서가 이 부분에서 나옵니다. 향후 있을 개발 사항들을 참고하며 투자 인사이트를 얻을 수 있습니다.

| 그림 13 | 서울시 광역 교통축

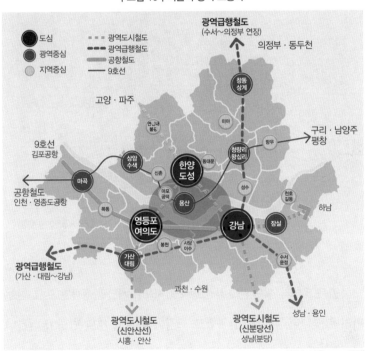

출처: 서울2030 플랜

- 신분당선 연장 및 신안산선의 추진.

  - 서남권과 동남권을 연계한 광역급행철도 신설- 동북권 활성화를
    위한 수서 KTX 노선 연장.

3) 생활권 계획

| 그림 14 | 서울시 생활권

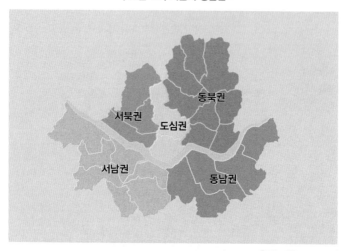

출처: 서울2030 플랜

서울은 5개의 생활권(도심권, 동북권, 서북권, 서남권, 동남권)으로 나누
어져 있습니다. 각각의 권역별로 특징이 다르고 개발 방향이 다릅니
다. 해당 장에서 해당 권역 성장 계획안을 알아볼 수 있습니다.

서울대 가기보다 쉬운 내 아이 건물주 되기

■ 도심권 ("역사문화도심으로의 위상 및 글로벌 경쟁력 강화")

• 서울의 중추 핵으로 위상을 가지고 있던 도심권으로 현재 강남, 여의도 비해 위상 약화함.

• 서울 성곽, 궁궐 등 관광 자원화를 이용하여 역사 도심 기능 강화

• 서울역~용산 연계 국제 중심 기능 강화.

• 외국인, 고령자, 독신 가구 등 1~2인 가구 증가, 도심 회귀 수요 등 도심 주거 수요 고려.

• 노후화된 주거지의 주거 환경 개선 및 기반시설 확충.

• 대중교통 이용한 도심 접근성 강화, 신안산선 조속 추진, 신분당 선 서북부 연장 등을 통해 한양도성, 강남 영등포, 여의도를 연결 하는 급행 간선 철도망을 구축 및 중앙버스전용차로 확충, 버스 노선체계 재정 비추진.

■ 동북권 ("자족 기능 강화 및 고용 창출을 통한 지역 활성화")

• 청량리, 왕십리 부도심과 창동/ 상계지역을 광역 중심으로 지정.

• 성수 지역 중심은 준공업지역 및 지식기반 산업 중심지로 조성.

• 노원구, 도봉구 지역 아파트 재건축 시기가 도래할 것 대비 계획 적 관리 방안 마련.

• KTX 동북부 연장(수서~청량리~창동~의정부 구간), 경전철 동북선, 면목선, 우이신설 연장선 등 경전철 확충을 통해 권역 내 철도 서

비스 사각 지역을 해소함.

- 수도권과 동북권을 연계하는 도로의 연결 및 기능 개선하고, 동부간선도로 지하화 계획 예정.

■ 서북권 ("창조문화산업 특화 및 양호한 지역공동체 활성화")

- 상암 DMC의 첨단 정보산업단지, 신촌 홍대 중심의 문화 커뮤니티 조성, 단, 신촌 마포 고용기반 취약 및 구릉지 발달한 저층 주거지 노후화 과제.

- 상암 DMC 중심 서북부 광역 고용기반 확충 및 수색 복합역사 개발 연계.

- 신분당선 서북부 지역연장 추진을 통해 서북권과 도심권을 연결하고, 경전철 서부선 연장(장승배기~서울대입구역)을 통해 서북권과 서남권을 직선으로 연결하여 지역 간 연계를 강화함.

- 장기적으로는 서북권과 서남권의 광역 중심인 마곡을 도시철도로 연계하여 지역 간 시너지를 높이고, 홍대와 화곡 등 배후지역과의 연계를 통하여 지역 활성화를 도모하도록 함.

■ 서남권 ("준공업지역 혁신을 통한 신성장 산업 거점 육성 및 주민 생활기반 강화")

- 서남부 산업기반과 연계된 준공업지역이 대규모로 지정, 여의도

금융을 중심으로 업무중심지가 형성돼 고용기반이 양호한 지역임. 그러나 전통 제조업 쇠퇴로 대규모 공장 이적지가 주거 용도로 전환되고, 준공업지역 내 주공 혼재와 열악한 주거 환경 등 생활기반 시설 부족으로 낙후된 지역 이미지 개선 필요.

• 여의도에 밀집한 증권, 보험 등 금융기능을 특화 육성하여 국제 금융 중심지의 역할을 담당할 수 있도록 함.– 가산, 대림 광역 중심은 산업단지 및 구로차량기지 등을 중심으로 창조적 지식기반의 고용을 창출하는 수도권 서남부 신성장 산업 거점으로 조성함

• 마곡 광역 중심은 김포공항 및 상암과 연계, 신규 지식기반 산업 창출을 위한 거점으로 육성함.

• 사당, 이수 지역 중심은 과천, 의왕, 수원 등 경기 남부의 주요 도시와 도심을 연결하는 광역 연계 거점 육성.

• 신안산선의 조속한 추진, 서남권과 동남권을 연계하는 광역 급행 철도망 계획.

• 서부간선도로 및 국회대로 지하화, 강남순환도시고속도로 건설 등을 추진함.

■ 동남권 ("글로벌 업무, 상업 기능 강화 및 기존주거지의 계획적 관리")

강남, 삼성, 국제업무 및 MICE 산업 중심지로 육성, 잠실, 국제적 업무 관광기반 구축, 수서 문정, 미래형 복합도시로 육성– 대단위 아파트

재건축 단지의 계획적 정비 유도- 수변 네트워크와 연계한 주거지 관리- KTX, 위례신사선, 위례신도시 트램, 지하철 9호선 연장, 과천~송파 간 도로 등 교통망 확충을 추진- 지하철 9호선 주가 연장을 검토.

　- 신분당선 서북부 연장 및 남부 급행철도 추진 등을 통해 한양도성-강남-영등포 여의도를 연결하는 급행 간선 철도망을 구축함.

4) 서울 도시기본계획 외 반드시 참고해야 할 사항 - GTX

서울 수도권 입지 분석에서 빼놓을 수 없는 가장 큰 이슈가 있습니다. 바로 GTX(Great Train Express)입니다.

서울시와 경기도 등 수도권 주요 지점을 연결하는 대심도 광역급행철도입니다. GTX는 총 4개 호선(A: 운정~동탄, B: 송도~마석, C:덕정~수원, D:장기~부천종합운동장)으로 준공 예정입니다.

현재는 다소 비싼 운임, 긴 배차 간격, 지상과 승강장까지 긴 거리, 역 간 긴 거리 문제로 많은 지적은 있으나, GTX 이슈는 부동산 가격에 많은 영향을 미치고 있습니다. 부동산 분석 시 지하철은 가격상승 요인의 최우선 순위이기 때문에, 꼭 참고해 두기 바랍니다.

더불어 GTX와 같은 대규모의 교통 호재는 정치적인 이슈에 이용돼집니다. 특히 선거철일수록 GTX가 많이 언급되는데, 주의할 점은

서울대 가기보다 쉬운 내 아이 건물주 되기

| 그림 15 | 수도권 광역급행철도(GTX) 노선도

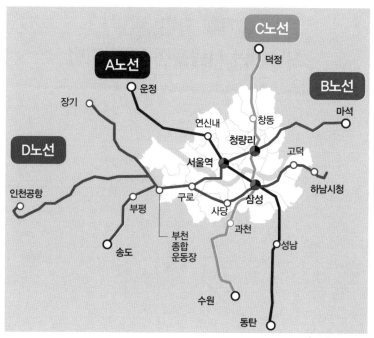

자료: 국토교통부

철도와 같은 국토교통 계획안은 전체 개발 단계에 맞추어 진행되기 때문에, 국회의원의 선동성 발언으로 계획안 변동이 쉽게 일어나지 않습니다. 국회의원의 발언보다는 전체 교통계획안을 보며 어떤 방향으로 진행될지를 알고 있어야 합니다.

3
실거주 집 마련이
최우선인 사람들의 투자 방법

어떻게 기다려야 하는지 아는 자에게
적절한 시기에 모든 것이 주어진다
_노만 V. 필

앞서 수요와 공급의 법칙에 따라서 부동산 가격이 많이 좌우된다는 이야기를 해드렸습니다. 주거 수요가 많은 도시에서 가격을 낮추기 위한 부동산 공급 정책이 있습니다. 바로 정비 사업입니다. 정비 사업이라는 표현이 낯설 수도 있습니다. 재개발, 재건축이라는 이야기를 들어보셨을 겁니다. 재개발, 재건축이 정비 사업의 대표되는 사업입니다. 입지가 보장된 신규 공급의 형태로 가격은 현 시세보다 저렴하게 책정됩니다. 다만, 정비 사업의 경우 부동산 투기를 부추긴다는 의견도 많아서 정부가 정책적으로 제한하는 부분이 많습니다. 과거에

서울대 가기보다 쉬운 내 아이 건물주 되기

돈 없는 사람들이 뉴타운, 재개발, 재건축으로 크게 한몫 버는 경우도 많았지만, 현재는 그 실효성이 다소 떨어졌습니다. 그래도 기회가 전혀 없는 것이 아니며, 신규 공급 분양 기회보다 당첨 확률이 더 높으므로 상황에 맞게 기회를 알아보는 것도 중요합니다. 재개발, 재건축 뉴타운의 경우 민심을 자극하기에 너무 좋은 부동산투자 방법이기에 정치적 상황에 이용되는 경우가 많습니다. 내가 종잣돈을 모아야 하고, 실거주 집 마련이 최우선인 분들은 해당 투자 방법을 참고해 보시기 바랍니다.

1) 재개발과 재건축 모르고 들어가면 큰코 다친다

재개발 사업의 본 표현은 주택재개발 사업입니다. 정비기반시설이 열악하고 노후 · 불량건축물이 밀집한 지역에서 주거 환경을 개선하거나 상업지역 · 공업지역 등에서 도시기능의 회복 및 상권 활성화 등을 위해 도시환경을 개선하는 사업을 말합니다(「도시 및 주거환경정비법」 제2조제2호나목). 보통 면적 1만m^2 이상인 지역을 대상으로 가옥 밀집도, 노후 정도, 필지 비율, 4m 이상 도로에 접한 가옥의 비율 등 네 가지를 평가해서 시장이 5년마다 재개발 사업 지구를 정합니다. 도시정비사업이라고 불리기도 하는데, 사실 도시정비사업 전체는 아니고 일부 사업이 재개발 사업입니다. 재개발을 조금 쉽게 설명하면 오래된 지역들을 한데 묶어서 새로운 지역으로 변화시키는 사업이라고 할 수 있습니다.

재개발 사업을 통해서 분양을 받게 되면, 일반 분양가 대비 20~30% 정도는 저렴하게 구매할 수 있습니다. 주의할 점은 재개발 사업은 예상치 못한 변수와 추가 분담금이 발생할 수가 있습니다. 보통의 개발사업은 부동산 시장의 형세, 정부와 각 지자체의 정책 등의 변수로 인해 사업 기간이 애초 예상보다 지연될 수도 있고, 추가 분담금이 늘어날 수도 있습니다. 과거 지분 쪼개기*가 유행하면서 정비 사업이 무산되는 예도 있었습니다.

현재는 법적으로 해당 편법을 막았지만, 재개발 사업 시행에는 예상치 못한 많은 변수가 있습니다.

재건축 역시, 재개발처럼 낙후된 것을 새것으로 바꾸는 것입니다. 재건축 사업은 '기반시설이 양호하지만, 노후 아파트나 단독주택지역의 주거 환경을 개선하기 위한 사업입니다. 재건축 사업은 서울 강남권 노후화된 아파트가 대표적인 예입니다. 입지가 좋은 곳이 많으므로, 높은 시세차익을 기대할 수가 있어서 주요 투기 대상이 됩니다.

---

* '지분쪼개기'란 무엇일까?
  1인 소유의 단독주택, 다가구 주택건물의 용도 변경을 통해 소유자를 늘려 조합원 지분을 늘리는 방식임.

서울대 가기보다 쉬운 내 아이 건물주 되기

2) 재개발 재건축의 절차 및 전략

정비 사업 절차에 대해 알려드리겠습니다.

기본적인 정비 사업 진행 절차는 아래와 같이 총 9단계를 거쳐서 진행됩니다.

1. 기본계획수립
2. 정비구역지정
3. 추진위원회 구성 및 승인
4. 조합설립 인가
5. 사업 시행 인가
6. 관리처분계획 인가
8. 이주/철거, 착공, 분양
9. 준공, 조합해산 및 청산

보통 1~3단계까지는 걸리는 시간이 약 2.5년 정도 걸립니다. 4단계는 1.5년, 5단계는 1년, 6~8단계는 1.5년, 9단계는 3년 정도 시간이 걸린다고 보면 됩니다. 정비 사업은 평균 10년 정도의 시간이 걸리기 때문에 초반 단계에 들어갈수록 저렴하게 분양권을 획득할 수 있습니다. 시간은 오래 걸리는 대신 저렴하게 로열층을 잡을 기회가 생기는 것입니다. 1~3단계에 들어가는 경우 시세차익이 가장 크고, 6~8단계 시세차익이 가장 작습니다. 사업에 따른 리스크도 1~3단계가 가장 크고 6~8단계가 가장 작습니다.

각 진행 단계에서 발생할 수 있는 사업성과 위험성을 잘 알고 있어야 합니다. 그래야만 변수가 발생해도 거기에 맞게 대응할 수 있습니다. 정비 사업에서 위험이 적다는 이야기는 추가부담금이 없다는 이야기이기도 합니다. 1~3단계는 낮은 금액으로 분양할 수 있지만, 실제로 추가부담금이 발생하기 때문에, 초기 비용만 생각하다가는 낭패를 볼 수 있습니다.

1~3단계에 추가부담금이 발생한다고 하더라도, 6~8단계에서 들어가는 비용보다는 낮습니다. 하지만 초반 단계에서는 오랜 시간을 기다려야 하므로, 시간이라는 기회비용 대비 내가 얻게 되는 수익을 잘 따져 봐야 합니다. 조합원 간의 분쟁이나 협의가 이루어지지 않은 경우, 20년 이상의 기간이 소요되는 장기 사업이 될 수 있습니다. 심할 경우 무산되는 일도 있습니다. 그러므로 사업성, 내 가용자금, 기회비용을 잘 따져서 재개발, 재건축 사업에 참여해야 합니다.

3) 정비 사업 투자 시 필수로 알아야 하는 요소

재개발, 재건축 투자 시 필수로 알아 두어야 하는 요소에 관해 이야기하겠습니다. 정비 사업 관련 투자를 하게 될 경우, 아래 용어는 반드시 숙지해야 합니다.

감정평가액, 권리 가액, 비례율, 분담금

감정평가액이란 조합원이 보유한 부동산 가격을 객관적인 금액으로 평가한 액수를 말합니다. 이 감정평가액이 높은 물건일수록 선호되는 평형대를 배정받을 수 있고, 추가부담금이 적게 들어갑니다.

비례율은 재개발 사업성 지표로 사용되는 용어로 수치가 높을수록 사업성이 좋은 것입니다.

> 비례율=(총 사업이익/ 종전자산평가액) %

권리가액은 조합원이 보유하는 부동산에 대한 권리를 주장할 수 있는 실질적인 금액을 말합니다.

> 권리가액 = 감정평가액 × 비례율

분담금은 분양을 받기 위해 조합원이 내야 하는 금액을 말합니다.

분담금 = 분양가 - 권리가액

재개발, 재건축을 통한 투자를 한다고 했을 때는 고려해야 할 요소는 위 설명해 드린 것 이외에도 많이 있습니다. 정비 사업에 관심 있는 분들은 관련 전문 서적을 보거나 전문가를 통해서 공부할 것을 추천해 드립니다. 정비 사업 투자는 똘똘한 한 채를 저렴하게 잡고 싶거나, 내 집 마련이 우선 목표인 분들에게 적합한 투자 방법입니다. 만약 종잣돈을 모으려는 방법으로 정비 사업 투자를 생각한다면, 준공까지 걸리는 시간을 반드시 고려하기 바랍니다. 혹하는 마음에 투자했다가 오랜 시간 고생할 수 있습니다.

4) 그 외 정비 사업 종류 정리

| 그림 16 |

종류	설명
주거환경개선사업	정비 기간시설이 열악하고, 노후 불량, 건축물이 과도하게 밀집한 지역에서 주거 환경을 개선하기 위한 사업

서울대 가기보다 쉬운 내 아이 건물주 되기

도시환경정비사업	도심 또는 부도심 등 도시기능의 회복 등 상권 활성화가 필요한 지역 및 상업 공업지역의 토지 효율적 이용을 위해 시행하는 사업
주거환경관리사업	단독 및 다세대 주택 등이 밀접한 지역에서 정비 기간시설과 공동 이용 시설 확충을 통해 주거 환경 보전 정비 개량을 주목표로 하는 사업
가로주택정비사업	노후 불량건축물이 밀집한 가로 구역에서 종전의 가로를 유지하면서 소규모로 주거 환경을 개선하기 위한 사업

뉴타운 사업은 무엇일까?

뉴타운 사업은 광역단위 도시개발사업을 말한다. 동일생활권 지역 전체를 대상으로 도시기반 시설은 공공부문이, 아파트 등 건축사업은 민간 또는 공공부문이 계획에 따라 추진하는 사업이다. 공식적인 이름은 도시재정비촉진사업이며, 이 사업이 추진되는 구역을 뉴타운 지구라고 한다. 종래 민간주도의 개발이 도시기반시설에 대한 충분한 고려 없이 주택중심으로만 추진돼 난개발로 이어지는 문제점을 개선하기 위해 시행하는 새로운 '기성시가지 재개발 방식' 이라고 할 수 있다.

5) 도시정비사업의 미래

도시정비사업의 투자는 높은 시세차익을 기대할 방법입니다.

앞서 이야기했지만 도시정비사업 성격상 초기 단계에 들어갈수록 더 큰 시세차익을 기대할 수 있습니다. 하지만 더 큰 위험을 감수해야 합니다. 실거주를 목적으로 투자하신 분들 처지에서는 버틸 수 있겠지만, 투자자 관점에서 투자할 것이라면, 다시 한번 생각해 볼 것을 권합니다. 도시정비사업 투자는 기다림이 필수입니다. 단계별 많은 변수가 발생하기 때문에 자세히 공부해야 합니다. 또 사업이 오래 걸리게 되면 버틸 힘이 필요합니다. 이런 점을 잘 고려해서 투자 여부를 결정하시기 바랍니다.

　정비 사업은 목 좋은 곳을 저렴하게 분양받을 방법이기 때문에 미래 가치는 매우 큽니다. 그리고 도시의 건물들이 오래될수록 정비 사업의 가치는 더 크게 빛을 발하게 됩니다. 정비 사업 역시 선거 때마다 나오는 이슈이기도 하며, 부동산 공급 정책 거론 시 항상 등장하는 이슈이기도 합니다. 타이밍과 기회비용을 잘 고려한다면, 종잣돈 마련이나 내 집 마련에 큰 도움이 될 수 있습니다.

4
아파트, 빌라, 오피스텔, 상가…
어디가 좋을까?

같은 나무를 보더라도
우둔한 사람과 현명한 사람은 다른 것을 본다.

_윌리엄 블레이크

　본 장에서는 각 부동산별 특성과 거기에 맞는 투자법을 이야기할 것입니다. 제가 투자를 해오면서 알게 된 점은 투자에 정답은 없다는 것입니다. 어떤 방법으로 투자를 하든 다 수익을 낼 수 있고, 주력하는 방법이 있다면 끝까지 한 분야로 밀고 나갈 것을 추천합니다.

　단, 어떤 투자로든 돈을 벌게 돼도, 결국 수익형 부동산투자 방법으로 갈 것을 권해드립니다. 아파트 투자를 잘해서 돈을 벌든, 빌라/오피스텔 투자를 잘해서 돈을 벌든, 마지막에는 일정 수익을 지속해서 가져다주는 부동산에 투자해야 합니다. 부동산투자 시 큰 그림을 그려야 하고, 마지막은 수익형 부동산임을 명심하기 바랍니다. 내가 시세차익형 투자를 하고 있더라도 목표가 건물주라면 마지막은 수익형 부동산이라고 생각하면 됩니다. 자칫 잘못하면 시세차익 투자만 하다가 평생 경제적 자유를 누리지 못할 수도 있습니다. 시세차익으로 벌어들이는 것도 좋은 전략이지만, 결국은 수익형이라는 점을 알고, 계획을 세워 가기 바랍니다.

1) 시세차익 대표 종목은 이것이다

부동산투자=아파트라는 공식이 어느 순간 우리 뇌리에 박혔습니다. 사실 이해가 됩니다. 가장 안정적인 분야이고, 몇 년 동안 아파트 수익률이 제일 높게 올라갔기 때문입니다. 앞으로도 입지만 좋다면 저 공식은 깨지지 않을 거 같습니다. 아파트 가격이 가파르게 올라가고 있는 것은 사실입니다. 서울 아파트 가격만 보아도 그림 15 표처럼 같이 매우 가파르게 올라가고 있습니다. 그래서 아파트 투자가 정답이라고 생각됩니다. 이 표, 현 시세, 분위기만 보면, 아파트 투자 안 하는 사람은 바보라고까지 생각할 수 있습니다. 하지만 아파트 투자는 어디까지 시세차익형 투자라는 것을 잊으면 안 됩니다. 내가 어느 정도 돈을 벌었다면, 중간에 나올 줄 알아야 하고, 수익형으로 갈아탈 줄 알아야 합니다.

앞에서 20억 가지고 투자한 강남 아파트 물건의 매수 시기 이야기를 기억하나요? 아파트 가치가 아무리 올라도 내가 팔지 않으면 소용이 없다는 점을 잊어서는 안 됩니다. 팔지 않으면 세금만 나가게 되고 나의 자산을 갉아 먹는 역할을 합니다. 아파트는 종잣돈 마련, 내 집 마련의 관점으로만 접근해야 합니다.

|그림 17 | 2017~2020년 3.3m2(평)당 아파트 평균매매가격(단위: 만 원)

지역	2017년 1월	2021년 1월	상승금액	상승률(%)
전국	1246	1778	532	42.7
서울	2287	4111	1824	79.8
부산	1131	1375	243	21.5
대구	1050	1319	269	25.6
인천	1048	1249	201	19.2
광주	826	1072	245	29.7
대전	865	1326	461	53.3
울산	1037	1111	75	7.2
세종	979	2002	1023	104.5
경기	1268	1808	540	42.5
강원	680	662	−18	−2.7
충북	700	658	−42	−5.9
충남	741	733	−8	−1.0
전북	643	650	7	1.1
전남	564	712	148	26.3
경북	691	632	−59	−8.5
경남	901	824	−78	−8.6
제주	1412	1483	71	5.0

자료: KB부동산 리브온

아파트를 통한 부동산 전략

A) 청약

가장 보편적인 투자 방법이고, 가장 저렴하게 새 아파트를 구매할 수 있는 방법입니다. 모든 정보가 오픈돼 있으므로, 경쟁이 매우 치열합니다. 오죽하면 청약 = 로또라는 이야기까지 나왔을까요? 청약에 당첨만 되면, 돈을 벌었다고 생각하면 됩니다. 다만 당첨되기까지 많은 시간과 공을 들여야 합니다. 아파트 청약 전문가들에게 얻은 청약 대표 노하우를 공유하니 잘 참고해서 청약을 준비하기 바랍니다.

청약 전문가들의 노하우

- 청약은 국민 주택과 민영주택 두 가지가 있으며, 각각의 성격/방법을 잘 알아 두자
- 10만 원씩 자동이체를 해서, 무조건 청약 준비를 하자
- 생애 최초, 신혼부부 같은 특별 공급을 노려라
- 신도시 사전청약을 알아보아라
- 청약 당첨 후 잔금 전까지 일시 차액을 노릴 수 있는 부동산을 알아보아라

B) 전세 낀 매물, 갭투자

갭투자는 전세 낀 부동산을 사는 것을 말합니다. 가령 2억 원짜리 집이 있고, 전세가 1.8억 원일 경우 내 투자금은 2,000만 원밖에 들어가지 않습니다. 사실 아파트 외에도 모든 부동산 물건에는 갭투자가

가능합니다. 갭투자는 수십 년 전부터 해왔던 투자 방식입니다.

사람들에게 갭투자에 대한 안 좋은 기억이 있습니다. 2016년도에 대한민국에 갭 투자 광풍이 온 적이 있었습니다. 당시 갭투자로 수백 채를 가지고 있다는 투자자가 등장해서 화제가 되기도 하고, 사람들이 관광버스를 대절해서 갭 투자 지역을 찾으러 다니기도 했습니다. 덕분에 지역 부동산 가격의 교란이 생기고 지역별 매물이 대량으로 사라지는 기이한 현상도 생기기도 했습니다. 2017~2019년 다주택자 규제가 심화하고 갭투자자들이 일시에 물건을 내놓으면서 깡통전세(매매가가 전세금보다 낮아지는 현상)가 나오기 시작하며 많은 세입자가 피해를 봤습니다. 이런 이유로 갭투자에 대한 부정적인 인식이 깔렸습니다. 하지만 갭투자 자체가 나쁜 것은 아닙니다. 무리한 갭투자는 문제가 있지만, 어느 정도 레버리지를 활용한다는 차원의 갭투자는 문제없습니다. 17~19년 무리한 갭투자자는 다 파산했습니다. 하지만 감당할 수준의 갭투자자들은 자신의 갭투자 물건으로 다 돈을 벌었습니다. 그 이유는 부동산 가격이 오르지 않은 곳이 없습니다. 전국이 다 올랐고, 만약 갭투자로 수십 채를 구매한 사람들은 아파트 가격 상승으로 큰돈을 벌었습니다.

현재 아파트 가격도 올랐고, 전셋값도 올랐기 때문에 갭투자가 다시 가능해진 시점이 됐습니다. 부동산은 항상 오르락내리락하면서 우상향을 하므로, 감당할 수 있는 여유 자금이 있다면, 갭투자하기 좋은 시점이라고 알려드리고 싶습니다. 돈 없는 분들이 아파트로 시세차익을 보기를 원한다면 갭투자도 참고하시기 바랍니다.

C) 일반매매전략

A), B)에서는 저렴하게 투자하고 시세차익을 거둘 방법을 소개했습니다. 이번에는 일반적인 아파트 매매 시 주요 전략에 관해서 이야기하겠습니다.

■ 무조건 대장 아파트 노려라

돈 문제가 없다면, 그 지역에서 가장 비싼 아파트를 구매하기 바랍니다. 부동산 가격이 상승할 때 제일 먼저 오르게 되고, 부동산 가격이 하락할 때 제일 늦게 떨어지게 됩니다. 제일 비싼 아파트는 그 지역의 대표되는 랜드마크가 됩니다. 입지나 교통이 약간 불편하더라도, 주변에서 가장 좋은 아파트(=비싼 아파트)라는 인식이 생기면 가격에 있어서 절대적 우위를 차지하게 됩니다.

서초 아크로 리버 파크, 양천 목동 힐스테이트, 성동 서울숲 리버뷰 자이가 대표적입니다. 이 대장 아파트 법칙은 전국이 다 비슷합니다. 내가 만약 부동산을 볼 줄 모르고 이것저것 따지기가 힘들다면 가장 비싼 대장 아파트 기준으로 구매를 생각해 보기 바랍니다.

■ 학군이 먼저 그다음 역세권

아파트는 역세권보다 학군이 더 중요합니다. 아파트는 가족 단위로 살기 때문에, 학교에 다니는 자녀가 있는 경우가 많습니다. 그러므로, 학교를 걸어서 등하교를 할 수 있느냐 없느냐가 아파트 선택에 매우 중요한 기준이 됩니다. 아파트의 경우 학군이 좋다면, 역에서 거리가 떨어져도 가격이 더 올라가게 돼 있습니다. 초품아 (초등학교를 품은 아파트)라는 단어가 있을 정도로 학군을 매우 중요시합니다. 실례로 초품아 인가 아닌가에 따라서 같은 단지 내 매가가 2억 원이나 차이 나는 곳도 있습니다. 그리고 학원가가 가까이 있으면, 집값 상승에 좋은 영향을 줍니다. 학군이 좋은 아파트는 가격대가 비싸고, 하락 장에서 크게 영향을 받지 않습니다. 우리나라는 자녀 교육에서만큼은 진심입니다. 어떤 부모라도 희생을 하게 돼 있습니다. 그래서 학군 좋은 아파트의 가격은 절대 떨어지지 않습니다. 아파트에 투자할 경우, 학군을 최우선 순위에 둘 것을 추천합니다.

■ 정비 사업으로 묶인 지역을 찾아라

앞에서 정비 사업의 전략과 요건에 관해서 이야기해드렸습니다. 정비 사업이 계획된 곳은 기본 프리미엄을 깔고 간다고 생각하면 됩니다. 다만, 정비 사업 지역은 오래되고 낙후된 곳이 대부분입니다. 사람들은 정비 사업에 대해서 잘 모르기 때문에 건물의 외관만 보고 투자

기회를 놓칠 수가 있습니다. 아파트 년 식이 오래됐는데도 대장 아파트와 가격 차이가 크지 않고, 매가가 주변 시세 대비 평균을 넘어간다면 정비 사업지인 경우가 많습니다. 정비 사업 관련 정보는 정부 사이트*에서 확인할 수 있으므로, 정비 사업 관련 정보를 얻고, 아파트 투자 사업성을 고려해 볼 것을 추천합니다.

■ 풍선 효과를 잘 노려라

아파트 가격 상승하는 현상을 바라보면 다 거미줄 같이 엉켜 있다고 생각될 때가 있습니다. 제일 먼저 오르는 곳이 있고, 그다음에는 그곳을 중심으로 가격상승이 옆으로 퍼져 나갑니다. 이를 풍선 효과(한곳을 누르면 다른 한곳이 커지는 현상)라고도 부릅니다. 과거 풍선 효과 경향을 보게 되면 다음 어떤 지역에 가격이 상승할지 예측할 수 있습니다. 서울 25개 구 중 대장 역할을 하는 구들이 있습니다. 그 구가 뜨게 되면 주변 다른 구들의 가격상승이 이루어지고, 점점 퍼져 갑니다. 그리고 서울이 끝날 무렵 경기도로 가격 상승효과가 퍼져가고, 지방 대도시 순으로 이어져 갑니다. 이런 흐름은 과거에 그래프만 보아도 어느 정노 예측이 가능하고, 잘 오르는 곳과 잘 오르지 못하는 곳을 파악할 수 있습니다. 이와 같은 풍선 효과 정보는 투자 방향에 도움이 되

---

* 참고: 서울도시계획포털 https://urban.seoul.go.kr

서울대 가기보다 쉬운 내 아이 건물주 되기

니, 참고하시기 바랍니다.

■ 평범한 것이 최우선

아파트는 우리나라 국민 90% 이상은 다 투자해 보는 부동산이라고 생각합니다. 그러므로, 내가 투자에 자신이 없다면, 가장 일반적인 것을 투자하라고 권해드리고 싶습니다. 여러 전략이 있을 수 있지만, 세입자에 심정으로 아파트를 고른다고 하면 어떤 아파트가 가장 인기 있을지 추측해 볼 수 있습니다.

먼저 평수를 따지면, 가장 무난한 20~30평대는 모두가 선호하는 집의 크기입니다. 가족 수 2명에서 5명까지 살기에 제일 좋은 평형대입니다. 대형 평수는 관리비가 많이 나가기 때문에 사람들은 점점 더 실용적인 소형 평수를 선호합니다. 아파트의 금액의 경우 해당 단지에 평균 금액에 해당하는 평수를 고르시기 바랍니다. 평균 금액의 평형대가 가장 인기 있는 평수입니다. 그리고 그중에서 가장 좋은 호실의 물건을 선택하기 바랍니다. 가령 로열층이라든가, 지하 주차장을 이용하기 편리한 동이라던가, 경치가 좋다든가 하는 등 조금이라도 특화된 장점이 있는 것을 고르면, 같은 아파트 내에서도 더 높은 수익을 낼 수가 있습니다.

아파트 투자 주의점!

아파트는 주거 대상이지 투자 대상은 아닙니다. 그래서 주거형 부동산이라는 명칭이 붙게 됩니다. 아파트로 돈을 벌려는 대중이 늘어날수록 정부는 부동산 규제를 강화합니다. 현재 모든 부동산 정책의 중심은 아파트에 맞춰져 있으므로, 잘못하면 규제로 인해 아파트 수익률이 생각보다 좋지 못할 수 있다는 점을 항상 명심해야 합니다. 만약 아파트 투자로 시세차익을 벌기 원하신다면, 아파트 관련 세금에 대해서 필수로 공부해야 합니다. 세금으로 나가는 돈이 생각보다 많으므로 세금을 간과할 경우, 매우 낮은 수익률 또는 마이너스 수익률을 경험할 수 있습니다.

아파트로 시세차익을 거두었으면, 그 이후에는 수익형 부동산투자를 생각해 봐야 합니다. 그래야만 내 생활이 안정적으로 되고 경제적 자유를 향해 나갈 수 있습니다. 누군가는 부동산투자하기 전에 무조건 내 집을 갖고 시작하는 것이 바르다고 합니다. 하지만, 내가 수익형으로 안정된 생활을 누릴 수 있다면, 집에 너무 큰 목돈을 묶어 두는 것도 생각해 봐야 합니다. 누군가는 아파트 시세가 많이 오르기 때문에 집을 갖고서 투자하는 것이 올바른 투자라 하고 이야기하지만, 내 집에 들어간 돈의 액수가 너무 많다면, 여윳돈 없이 투자하기 어려울 수 있습니다. 내 집의 가격이 올라간다 해도, 언제 팔 수 있을지 모르기 때문에, 현금이 내 손에 들어오기 전까지는 제대로 된 투자를 했다고 이야기하기 어렵습니다.

만약 무주택자라 하더라도, 내가 투자한 물건에서 안정적 수익이 발생하고 덤으로 시세차익까지 나온다면, 자가로 아파트를 사는 것보다 훨씬 더 많은 이익을 거둘 수도 있기 때문입니다. 전국의 아파트 평균값이 너무 오른 이상 아파트 투자에 대해서는 깊이 있게 생각해 볼 필요가 있습니다. 부동산 하락장 때에는 과하게 오른 부동산은 매매가가 하락할 수 있으므로, 아파트 투자를 무리해서 하는 것은 조심해야 합니다. 자신의 경제적 상황, 투자 성향을 잘 고려 후 아파트에 투자하기 바랍니다.

2) 건물주는 수익형 상품의 투자자

> 황금알을 낳는 거위의 배를 가를 것인가?
> 키울 것인가?

수익형 부동산투자라고 하면 어떤 것이 먼저 떠오르시나요?

보통은 월세 받는 상품 그리고 작은 규모의 부동산투자 이런 것들을 많이 떠오르실 겁니다. 그리고 어떤 분들은 수익형 부동산투자해 봤자 남는 것도 없고 고생만 하는 거야 그러니까 투자하지 말라고 이야기할지도 모릅니다. 그런데 정말 물어보고 싶은 것은 정말로 수익형 부동산에 투자를 해봤느냐? 라는 것입니다. 투자 시 다소 신경 써야 할 것도 있고, 잘 알아야 하는 부분도 있지만, 제대로 된 투자를 하면 월세에 시세차익까지 얻을 수 있습니다. 그 파이가 아파트보다 작아서 약소해 보일 뿐이지, 절대로 무시할 수 있는 금액은 아닙니다. 수익률로만 따진다면 시세차익형 보다 훨씬 더 좋은 경우도 많습니다. 아파트 한 채 값으로 수익형 여러 곳을 투자한다면 더 높은 부를 얻을 수도 있습니다.

누구나 원하는 건물주는 대표적인 수익형 상품의 투자자를 말합니다. 시세차익 투자만 하게 되면 결국 수익형 부동산의 최종단계인 건물주가 될 수 있을까요? 사람들이 많이 착각하는 것이 이 부분입니다. 돈만 많으면 다 건물주가 된다고 생각합니다. 절대 그렇지 않습니다. 수익형 부동산투자의 노하우를 알아야 하고, 작은 것부터 투자해 가면서 결국 건물까지 투자할 수 있게 됩니다. 단순히 돈이 돈을 번다는 생각에 내가 돈만 많으면 알아서 건물주 되겠지 라고 생각했다가 큰코다치는 사례를 많이 봐왔습니다.

본 책에서 수익형의 모든 것을 담을 수는 없겠지만, 각 물건별 장단점 및 전략을 알려드릴 것입니다.

수익형 부동산 공통 사항

■ 전략

수익형 부동산의 투자에서 가장 중요한 것은 입지입니다. 특히 교통이 입지의 최우선입니다. 역세권, 정류장 등 교통이 편한 곳의 수익형 부동산의 가치가 매우 높습니다. 지하철을 놓고 보면, 여러 지하철 라인이 동시에 지나가는 곳의 가치가 매우 높습니다. (예: 더블역세권, 트리플 역세권 등). 건물이 오래된 수익형 부동산도 입지가 좋다면, 가격이 내려가지 않고 계속 오르기도 합니다. 만약 입지 좋은 소형 주택 등을 저렴하게 구매한다면, 6% 이상의 수익률도 기대해 볼 수 있습니다. 아파트의 수익률이 보통 3~4%라고 하다면, 두 배 이상의 수익률도 기대할 수 있는 것입니다. 수익형 부동산의 경우 갭투자도 가능합니다. 잘 찾아보면 전세가와 매매가의 차이가 크지 않은 수익형 부동산이 많이 있습니다. 만약 시세차익을 기대해 볼 수 있는 수익형 부동산이라면 갭 투자 접근 방법도 사용 가능합니다.

■ 매수, 매도 시기를 잘 활용해야 한다

입지가 좋지 못한 지역의 수익형 부동산을 본다면 건물 준공년을 잘 봐야 합니다. 보통 사람들이 수익형 부동산은 월세만 받는 것이지, 시세는 안 올라 오히려 떨어져 라고 말하는 이유가 입지가 좋지 못한 수익형 부동산을 구매한 경우입니다. 왜 그럴까요? 모든 물건은 구매하고 나면 중고가 됩니다. 중고 가격은 새것보다 값이 내려가게 돼 있습니다. 그런데 부동산은 값이 내려가지 않습니다. 그 이유는 땅 가격의 상승으로 인해 부동산의 가격이 거의 내려가지 않는다고 앞에서 설명해 드렸습니다.

하지만 모든 부동산 가격이 안 내려가는 것은 아닙니다. 아파트 같은 경우 희소성의 법칙에 의거 시간이 지나면 지날수록 재건축 이슈로 가격이 계속 올라갑니다. 하지만 수익형 부동산은 어느 정도 오르다가 시간이 지나면 가격이 내려갑니다. 사실 가격이 내려가는 이유를 보면 수익형 부동산은 아파트 대비 차지하고 있는 땅의 면적이 작기 때문입니다. 그래서 수익형 부동산투자를 하게 되면 매도 시점을 잘 생각해 두어야 합니다. 보통 준공 후 5~7년 동안에는 시세가 올라갑니다. 그리고 그 이후에는 감가상각이 적용 돼서 가격이 내려가게 됩니다. 모든 수익형 부동산이 다 그렇지는 않지만, 평균적으로 그런 경향이 있습니다. 내가 만약 수익형 부동산으로 시세차익까지 노리고 싶다면 준공 후 몇 년 식 인지를 확인할 필요가 있습니다.

입지가 좋을 경우 10년이 지나도 계속 올라가는 수익형 부동산도 있습니다. 하지만 이런 부동산은 흔한 경우가 아니므로 평균 투자 방법을 알려드리는 것입니다. 시세로 큰 손해를 보기 싫다면 매도, 매수 시점을 확인하기 바랍니다.

■ 임대사업자 활용

우리나라에는 임대사업자라는 제도가 있습니다. 임대사업자는 크게 주택임대사업자와 일반임대사업자로 나누어집니다. 두 임대사업자는 주거형이냐, 비주거형이냐에 따라 혜택이 달라집니다. 과거 주택 임대사업자가 될 경우, 많은 세제 혜택이 있었습니다. 하지만 현재 혜택을 줄이고 있으므로 그 유용성이 많이 줄어들었습니다. 더구나 주택임대사업자는 폐지론까지 나오고 있으므로, 본 책에서는 자세히 다루지 않겠습니다. 그에 반해 일반 임대사업자는 현재 잘 운용되고 있으므로, 일반임대사업자에 대해 알려드리겠습니다. 일반 임대사업자는 비주거형 부동산(사무실, 사무실용 오피스텔, 지식산업센터 등)에 적용되는 사업자입니다. 비주거형의 경우 경제활동과 관련된 부동산이기 때문에, 국가 차원에서 일반임대 사업자를 더 장려하는 분위기입니다. 일반 임대사업자의 가장 큰 매력은 부가세 환급을 말할 수 있습니다. 물건값에 10%가 붙는 부가세를 나라에서 돌려줍니다. 부가세 환급은 투자자에게 있어서 매우 의미가 있습니다. 부가세 환급을 잘 활용하면 수익률이 높게 올라가기 때문입니다. 단, 의무기간이 10년이라는 점이 있고, 일반 임대사업자를 받기 위해서는 계약 후 20일 이내라는 점을 염두에 둬야 합니다. 의무기간이 10년이라는 이야기에 놀라신 분도 계시겠지만, 포괄양수도 계약을 통해 이전할 수 있으므로 의무기간 10년을 반드시 채울 필요는 없습니다. 만약 수익형 부동산

을 투자와 더불어 실입주까지 고려하는 사업주라면 무조건 일반 임대
사업자를 활용해야 합니다. 이 부분을 놓치는 분들이 많기에 수익형
부동산투자 시 일반임대사업자를 꼭 기억하기 바랍니다.

수익형 부동산 첫 번째 대표주자 - 오피스텔

월세 받는 대표 상품으로 오피스텔이 있습니다. 오피스텔은 아파트
와 오피스를 합쳐 놓은 형태입니다. 주거와 사무를 동시에 할 수 있다
는 장점이 있어서, 한때 오피스텔 열풍이 분 적이 있습니다. 하지만 과
도한 물량 공급과 무분별한 투자로 인해서 오피스텔의 인기가 떨어졌
고, 현재는 월세만 받는 상품으로 인식될 뿐입니다. 그래도 오피스텔
역시 입지 분석을 제대로 하고 투자 전략을 잘 짠다면, 수익을 올려주
는 좋은 방법이 될 수 있습니다.

■ 입지 전략

오피스텔 투자를 할 때 가장 중요한 것은 입지입니다. 오피스텔 성
격상 싱글족이나 신혼부부가 많으므로 출퇴근하기 좋은 역세권이나
상업지와 인접한 곳이 최고의 입지입니다. 회사에 출퇴근하기 좋은
곳을 생각했을 때 회사 근처 오피스텔을 생각하시는 분도 계시겠지
만, 의외로 회사 바로 옆 오피스텔은 인기 없는 경우가 많습니다. (직장

과 집은 어느 정도 분리되기 바라는 심리가 있겠지요?) 오히려. 상권 좋은 곳 가까이 있으면서 문화시설을 누릴 수 있는 곳을 많이 선호합니다. 실제 이런 곳이 공실률이 낮고, 매물 순환율이 빠릅니다. 오피스텔의 수요를 알아보고 싶다면, 내가 선호하는 오피스텔 후보군을 고르고 2주에서 한 달 사이에 부동산에 올라오는 물건이 얼마나 빨리 나가는지 확인을 해보면 됩니다. 그러면 순환율을 확인할 수 있고, 공실률을 예측해 볼 수 있습니다. 앞에서도 이야기했지만, 오래된 오피스텔은 피해야 합니다. 오래될수록 오피스텔은 감가상각이 적용되기 때문에 시세 면에서 손해를 볼 수 있습니다. 오피스텔은 어느 정도 가지고 있다가 정리하고 새로운 것으로 바꾸는 전략을 짜야 합니다.

■ 수요와 공급을 주의하라

오피스텔에서 중요한 것이 입지라고 설명해 드렸습니다. 입지가 받쳐주면 그다음 중요한 것이 있지요? 바로 수요와 공급입니다. 상가와 역세권 근처에는 보통 오피스텔이 많이 있습니다. 그 오피스텔들의 공급을 채워 줄 수요를 계산해야 합니다. 유입 인구 대비, 공급 수량을 확인하는 것만으로도 수요와 공급을 예측해 볼 수 있습니다. 그뿐만 아니라, 오피스텔 공급만 고려해서는 안 됩니다. 주변에 아파트가 얼마나 멀리 떨어져 있는지를 반드시 체크해야 합니다. 아파트든 오피스텔이든 주거형의 성격이기 때문에, 수요가 아파트로 분산될 수 있습니다. 그래서 가장 투자하기 가장 좋은 곳은 아파트와 같은 주거 단지에서 떨어져 있고, 역세권 및 상업지가 가까운 쪽이 오피스텔 투자지로서 최적의 장소입니다. 대표적인 장소로 구로 디지털단지, 가산 디지털단지, 종로 같은 곳을 예로 들 수 있습니다.

■ 오피스텔 투자 혜택

주거형 오피스텔의 경우 청약에 자격 제한이 없습니다. 그러므로 누구나 쉽게 분양을 받을 수 있고, 당첨 이후에도 주택 보유 수에 들어가지 않기 때문에 무주택자의 자격을 유지하면서 아파트 분양을 시도해 볼 수 있습니다. 더구나 대출 규제도 아파트보다 느슨한 편이기 때문에 투자 금액이 저렴합니다.

■ 오피스텔 트렌드의 변화

요즘 오피스텔도 트렌드가 많이 바뀌어 가고 있습니다. 예전에는 원룸이나 1.5룸이 인기 있었지만, 2룸 3룸 형태의 대형 오피스텔로 선호도가 옮겨 가고 있습니다. 대형 오피스텔을 소위 아파텔이라는 명칭으로 불러지며, 금액은 아파트와 맞먹을 정도로 비싸지만, 아파트보다 저렴하고 역세권에 위치하고 있으며, 풀옵션이 돼 있어서 사람들에게 인기가 많습니다. 다만, 과거 대형 오피스텔을 잘못 샀다가 낭패를 보신 분들이 많습니다. 집 크기가 크다는 기대심리에 구매했지만, 아파트 대비 주거환경이 떨어지고, 소유 대지면적이 작기 때문에 시세가 아파트 만큼 올라가기는 어렵습니다.

아파텔 투자를 고려한다면, 주변 아파트 시세 대비 저렴한 정도, 직주근접의 편리성, 신규 공급으로 계획등을 잘 살펴 봐야 합니다.

■ 주의점

오피스텔은 기본적으로 주거형 상품이 아닙니다. 직장인 기준으로 출퇴근이 편한 입지를 최우선으로 고려해야 하고, 시세차익보다는 월세에 초점을 맞추어야 합니다. 오피스텔 전문 투자자 K 씨의 경우, 입지 좋은 곳 오피스텔 소유하면, 절대로 팔지 않습니다. 월세를 모아서 새로운 오피스텔을 투자하고, 오피스텔의 채수를 늘려 현재 월세로 월 1,000만 원 이상의 소득을 얻고 있습니다.

이 외에 취득세율은 4.6%로 다소 높은 편입니다. 만약 주거형으로 운영하다가 세입자가 전입신고를 하게 되면 사무용에서 주거용으로 분류돼 주택 수에 포함된다는 사실도 알기 바랍니다.

부자들이 숨기는 수익형 부동산

빌라, 다세대, 연립 주택을 구분하실 수 있으신가요? 다 거기서 거기 아닌가 하는 생각이 드실 수 있습니다. 그래서 우선 용어 정리부터 하겠습니다.

| 그림 18 |

단독주택		공동 주택	
단독주택	다가구 주택	다세대 주택	연립 주택
독립된 주거 형태이며 바닥 면적 제한 없음 • 소유권 1개	• 1개 동의 바닥 면적 합계가 660㎡를 초과하고 층수가 3계층 이하인 주택, 2~19까지 건축 • 소유권 1개	1개 동의 바닥 면적 합계가 660㎡ 이하이고 층수가 4계층 이하인 주택, 2세대 이상 건축 • 구분소유 가능	1개 동의 바닥 면적 합계가 660㎡를 초과하고 층수가 4계층 이하인 주택, 여러 세대 거주 가능한 공동 주택

그렇다면 빌라는 무엇일까요? 사실 빌라의 정의에 대해서는 여러 의견이 있습니다. 빌라는 공동 주택에 들어가는 개념으로 구분소유 가능한 4층 이하 건물을 다 아우른다고 보면 됩니다. 단독주택의 투자 전략부터 보겠습니다.

■ 단독주택과 다가구 주택

단독주택과 다가구 주택은, 쉽게 떠올릴 수 있는 옛날 주택이라고 생각하면 됩니다. 1인 소유권으로, 보통 정원이 딸려 있고, 이 층 정도로 구성된 주택 형식입니다. 단독주택을 투자하게 됐을 때 가장 큰 장점은 넓은 대지 지분을 소유할 수 있습니다. 그지 않은 금액으로 대지와 건물을 다 소유할 수 있습니다. 뒷장에서 이야기할 꼬마빌딩과 유사합니다. 만약 내 단독주택이 재개발 사업지에 들어가 있으면, 시세 차익 면에서 큰 혜택을 누릴 수가 있습니다. 재개발 사업지가 아니라면, 역세권이나 생활 인프라가 잘 갖춰진 곳으로 초점을 맞추는 것도 좋은 방법입니다. 특히 신축일 경우에는 입지를 더 고려해야 합니다. 단독/다가구 주택의 경우, 제대로 투자만 하면 시세차익과 월세를 동시에 노릴 수 있는 투자 물건입니다.

다가구 주택은 세대가 아무리 많아도 1주택자 취급을 받습니다. 만약 다가구 소유주가 받는 월세가 2,000만 원 이하라면 소득세를 내지 않아도 됩니다. (단 공시가격 9억 원 이하 기준에만 적용됨)

서울의 경우 정비 사업이 많이 일어나면서 단독, 다가구 물량이 점점 사라지고 있습니다. 이 점을 잘 활용한다면 높은 시세차익을 기대할 수도 있습니다.

주의할 점은 단독과 다가구는 금액이 저렴하지 않습니다. 서울 시내 단독 다가구 주택의 평균 가격은 10억 원 이상입니다. 또한, 낡은 건물이 많으므로 수리/보수할 곳이 많고, 위법으로 지어진 건축물도 많으므로 건축물대장을 확인해서 제대로 지어진 다세대 건축물인지를 확인해야 합니다.

■ 저렴하면서도 쉽지만 조심해야 하는 다세대, 연립, 빌라

우리가 알고 있는 빌라는 공동 주택에 포함되는 것입니다. 4층 이하 건물에 구분등기가 되는 부동산을 공동 주택이라고 합니다. 본 책에서는 공동 주택을 이하 빌라로 지칭할 예정이니 참고하기 바랍니다.

빌라 투자 전략부터 이야기하면, 입지만 좋으면 월세와 시세차익을 동시에 노려볼 수 있습니다. 서울 같은 경우 정비 사업지에 빌라 투자를 하면 높은 시세차액을 기대할 수 있습니다. 만약 입지가 역세권이나 직장 출퇴근이 쉬운 곳이라면 높은 임대 수익률도 거둘 수도 있습니다. 1인 가구가 많고, 아파트와 같은 대규모 주택 공급이 적은 구로구 같은 경우 빌라 투자 시 유리한 점이 있습니다. 그 외에 공단이 많으면서 빌라가 모여 있는 지역 (인천 남동 공단) 같은 경우도 빌라 투자에 유리한 곳이라고 할 수 있습니다.

단, 빌라는 오래된 곳이 많고, 결로나 곰팡이 문제와 같은 유지 보수 어려움이 있어서, 이에 동반되는 수리 보수 비용을 신경 써야 합니다. 빌라는 보통 월세형 상품이지만, 갭투자가 가능한 상품이기 때문에, 적은 금액(500만 원 이하)으로 구매하고, 리모델링 후 값을 높여서 파는 시세차익형 투자도 가능합니다.

아는 사람만 아는 수익형 상품, 오피스와 지식산업센터

수익형 부동산 중 잘 알려지지 않지만, 인기가 많은 물건이 있습니다. 바로 오피스와 지식산업센터입니다. 요즘 가장 인기 있고 뜨고 있는 상품입니다. 오피스나 지식산업센터 둘 다 입지 좋은 곳에 있으면 큰 월세 이익을 얻을 수 있습니다. 기본적으로 세입자는 회사나 개인 사업자이기 때문에, 월세 지급 면에서도 깔끔하고, 3년에서 5년 단위의 계약을 하므로 매년 세입자를 구해야 하는 불편함도 적습니다. 인테리어나 유지 관리 부분에 있어서 세입자가 들어올 때 자체적으로 하고, 나갈 때는 원상복구를 해야 하므로 집주인으로서는 신경 쓸 것이 없습니다.

다만, 사무용 부동산 역시 가장 중요한 점은 입지입니다. 주변에 회사가 많아야 하고, 이로 인해 파생되는 기업이 많아야 공실 없이 잘 운영될 수 있습니다. 사무실을 운영하기에 좋은 입지는 가산, 구로, 상암, 성수, 강남 일대를 꼽을 수 있습니다.

■ 지식산업센터 특장점

지식산업센터가 갖는 장점에 대해서 더 알아보겠습니다. 현존 부동산 투자 상품 중에서는 지식산업센터의 수익률이 최고라고 할 수 있습니다. 그 이유는 담보대출이 70%~90%까지 나오기 때문입니다. 지식산업센터는 정부가 지원하는 사업이기 때문에 은행에서 높은 담보대출률을 보장해 줍니다. 지식산업센터는 과거 공장부터 시작해서 아파트형 공장을 거쳐 현재의 지식산업센터의 모습을 갖추게 됐습니다. 정부 정책 사업이기 때문에, 제조업, 지식산업, 정보통신업종이 해당 건물에 들어갈 수 있고, 임대료 등을 낮춰 주기 위해서 지식산업센터의 혜택을 늘리고 있습니다. 또한, 지식산업센터를 분양받고 실입주를 하게 되면, 취득세, 부동산세 등 여러 세금 혜택이 있습니다. 현재 지식산업센터는 서울권 내 크게 구로구, 성동구, 송파구에 있으며, 전국적으로 신도시 기준으로 많이 있습니다. 지식산업센터는 적은 금액으로 투자 가능하며, 회사를 상대로 안정된 월세를 받을 수 있습니다. 근방 지역에 산업화 단지가 조성될 경우 시세도 많이 올라가게 됩니다.

■지식산업센터 투자 주의점

임대업 목적으로만 지식산업센터는 투자할 경우, 별도의 세제 혜택은 받을 수 없습니다. 처음에 실거주용으로 분양받아도 향후 임대업으로 바꾸면 혜택 금액은 환수 대상이 됩니다. 실입주의 기준 시에서도 의무 거주 기간은 5년입니다. 또한, 지식산업센터는 과밀지구와 성장관리권역의 차이에 따라 세금 감면 혜택이 달라지니 이 부분도 잘 확인해 두기 바랍니다.

| 그림 19 | 수도권 권역 현황도

	과밀지역				성장관리권역	
	적합업종		비 적합업종		적합업종	비 적합업종
취득세	〈5년 이상〉	〈5년 미만〉	〈5년 이상〉	〈5년 미만〉	2.30%	4.60%
	법인 2.3%	법인 4.7%	법인 4.6%	법인 9.4%		
	개인 2.3%	개인 2.3%	개인 4.6%	개인 4.6%		

3) 상가 투자는 건물주로 가는 마지막 관문이다

> 목재는 마를 때까지 지식은 숙달이 될 때까
> 지 제멋대로 써서는 안 된다.
> _홉스

상가는 건물주가 되기 바로 직전 단계라고 생각하면 됩니다. 사실 상가 하나만 잘 운영해도 경제적으로 여유 있게 살 수 있습니다. 상가 는 월세 받는 수익형 부동산의 중간 왕 정도라고 보면 됩니다. 많은 투 자금이 들어가는 대신에 그만큼의 높은 월세를 받는 물건입니다. 다 만, 높은 월세를 받는 만큼 높은 위험이 있습니다. 길거리 걸어가다 심 심치 않게 임대 문의가 붙은 상가를 본 적이 있을 것입니다. 이런 상가 들은 임대가 안 맞춰진 공실 상태입니다. 공실이 난 상가를 많이 보았 다는 것은 그만큼 상가 투자가 쉽지 않다는 것을 말합니다. 하지만 잘 나가는 상가, 누구나 들어가고 싶어 하는 상가는 부르는 것이 값입니다. 그리고 권리금이 붙어서 시세차익도 노릴 수 있는 물건이기도 합니다. 높은 리스크가 있으므로 상가에 투자한다고 하면 철저하게 분석하고 공부하기 바랍니다.

상권분석은 어떻게 해야 하나?

상가 투자의 기본은 바로 상권분석입니다. 상권에 대한 해석은 다양합니다. 일반적으로 상권이란 대상 상가를 흡인할 수 있는 소비자가 있는 권역으로, 상업활동을 성립시키는 지역 조건이 갖춰진 공간적 넓이를 말합니다. 쉽게 말해서 가게들이 모여 있고 이들이 형성된 지리적 범위가 상권이라고 말할 수 있습니다. 상권이 중요한 이유는 상가가 모여 있을수록 고객이 더 많이 오게 되고, 상거래가 활성화될수록 부동산 가치가 올라가기 때문입니다.

■ 이름 있는 상권?

과거 가장 좋은 상권은 서울 중심의 7대 상권(강남, 홍대, 명동, 인사동, 신촌, 대학로, 건대)으로 꼽았습니다. 하지만, 유명한 상권일수록 자릿세가 비싸고, 비싼 임대료로 인해 가게 들이 장사를 하기 어려워져 많이 이전하게 됩니다. 대표적으로 명동과 강남의 경우 자릿세가 너무 비싸서 소규모의 가게는 다 빠지게 되고 대형 프랜차이즈점 위주의 가게들만 남은 것을 볼 수 있습니다. 투자자 관점에서 투자금이 많다면,

프랜차이즈점이 입점한 상가를 매수하는 것도 좋은 전략이 될 수 있습니다. 꼭 7대 상권이 아니더라도 역세권, 대학가, 먹자 거리 같은 곳은 사람이 몰리는 상권이니 참고하기 바랍니다.

■ 지리적 위치 고려

1층 상가 투자를 하면 건물 모퉁이나 전면부 상가가 좋습니다. 모퉁이 상가의 장점은 건널목을 지나갈 수밖에 없는 사람들에게 계속 호감을 주고 두 면으로 노출이 되기 때문에 세입자들이 선호하는 위치입니다. 건물 앞 도로가 있으면 도로는 편도 2차선 이하가 좋습니다. 편도 3차선을 넘어가게 되면 왕복 6차선 도로가 돼 꽤 넓은 도로입니다. 이 경우 차량이 지나가는 흘러가는 상권이 형성돼 세입자들이 들어오기 꺼리는 상권이 형성됩니다. 그 이외에 업종별 선호하는 상가 위치가 있습니다. 스타벅스나 투썸플레이스 같은 대형 프랜차이즈 차이점은 대로변이나 코너 자리를 선호하고 소규모 카페는 골목 안쪽 거리를 선호하는 경향이 있습니다.

■ 시간대별 상권분석

시기와 계절에 따라 상권의 분위기가 달라지는 경우가 많습니다. 회사 촌(여의도, 종로 등)의 경우 주말에 썰렁합니다. 반대로 주거 지역은 평일 낮이 조용합니다. 회사와 주거 단지가 가까이 있어서 24시간

상권이 형성되는 곳도 있습니다. 대학가 상권의 경우 방학 때는 상가 매출액이 20% 이하로 떨어지는 곳도 많이 있으므로 시간대별 상권 분석이 중요합니다.

상가 주요 투자전략 4가지

(1) 처음 상가에 투자하는 사람이라면 무조건 작은 것부터 시작해야 합니다. 상가 평균 투자금은 타 수익형 부동산에 비해 높으므로, 계획 없이 투자했다가 공실 상태를 장기간 겪게 되면 큰 손실을 보게 됩니다.

(2) 유동인구의 동선 고려가 매우 중요합니다. 아무리 7대 상권이고 유동인구 많은 곳이라고 해도 망하는 상가는 항상 망합니다. 반대로 유동인구가 적어도 흥하는 상가가 있습니다. 가게 업종에 상관없이 사람들이 머무르는 지역을 찾아야 합니다. 보통 이런 지역은 유동인구 동선상 항상 지나치게 되는 곳이고, 배후에 주거 단지와 같이 최종 목적지가 있는 곳을 말합니다. 항아리 상권이 대표적입니다. 역에서 다소 떨어져 있지만, 사람들이 지나갈 수밖에 없고 해당 지역에 상권이 몰려 있어서 사람들이 몰릴 수밖에 없는 곳입니다.

(3) 상가 입지 고려 시 역세권이 무조건 답은 아닙니다. 역 근처에 어울리는 상가가 따로 있고, 역세권 상가의 임대료는 높은 편이기 때문에, 평범한 중소 브랜드가 운영을 잘 못 할 경우, 폐업하기 십상입니다.

(4) 세입자 월 임대료를 미리 계산해서 투자를 결정해야 합니다. 상가 월세는 보통 70만 원~300만 원대 정도 형성됩니다. 상가 운영주가 벌어들이는 매출이 임대료의 4~5배 이상 나오지 않는다면, 결국 문을 닫을 수밖에 없습니다.

상가 투자 시 반드시 알아야 할 4가지

(1) 임차를 맞추고도 세입자와의 문제가 발생하는 경우가 있습니다. 상가 계약 시 책임소재를 분명히 해서 계약을 맺는 것이 중요합니다. 일례로 실내장식 관련 부분은 세입자 책임입니다. 가끔 인테리어 설치 관련해서 무리한 조건을 요구하는 세입자가 있습니다. 이런 일을 방지하기 위해서 계약서 작성 시 명확하게 갑/을의 책임소재를 적어야만 합니다.

(2) 공인중개사 선택 시 상가 전문 공인중개사를 선택합니다. 상가만 전문으로 하는 공인중개사의 경우, 문제가 생겼을 때 바로 안내를 해줄 수 있고, 또 좋은 물건이 나왔을 때 빠르게 알려줄 수 있습니다. 상가 전문 공인중개사가 일반 공인중개사보다 더 도움이 될 수 있습니다.

(3) 주거형 부동산 고르듯이 상가를 골라서는 안 됩니다. 상가 초보자들은 상가를 볼 때, 주거형 부동산 고르듯이 보는 경향이 있습니다. 하지만 상가를 보는 기준은 조금 다릅니다. 우선 고층보다 저층이 더

좋습니다. 저층일수록 사람들의 왕래가 잦고 접근하기 좋기 때문입니다. 그리고 남향보다 북향이 더 선호됩니다. 물건을 파는 경우 변색 및 신선도 문제 때문에 북향을 선호합니다. 이 외에도 상가 앞에 건물이 가까이 있을수록 좋습니다. 건물이 서로 마주 보고 있고 가까이 있으면 상가가 몰려 있는 느낌을 주게 되고, 직접의 효과가 생겨나 손님이 더 많이 몰리는 효과를 누릴 수 있습니다.

(4) 전체 부동산 물건 양도세 중에서 상가 양도세는 높은 편에 속합니다. 양도세는 대략 50% 정도입니다. 장기보유특별공제 제도가 있지만, 그 제도의 혜택이 미비하므로 시세차익을 노리고 상가에 투자하는 분들은 세금을 잘 계산하고 투자하기 바랍니다.

그 외 상가 관련 이야기

처음 상가를 투자하시는 분들은 이미 상권이 안정화 된 구축 상가에 투자할 것을 추천해 드립니다. 상대적으로 상권이 안정돼 있으므로 공실률이 낮고, 세가 맞춰진 상가를 구매할 가능성이 큽니다. 다만 시세가 형성돼 있으므로 기본 투자금이 다소 높을 수 있습니다.

신도시의 신규 분양 상가를 알아볼 때 시행사나 분양 대행사의 프로모션에 속지 않도록 주의하기 바랍니다. 최다 할인, 시행사 보유 물건 방출, 마지막 공급과 같은 표현을 쓰며 제일 안 팔린 물건을 판매하는 때도 있습니다. 현재 사려는 물건이 정말 괜찮은 것인지 잘 따져 보고 구매해야지 잘못하면 가장 좋지 않은 물건을 사게 될 수 있습니다.

서두에서도 말씀드렸지만, 상가는 수익형 부동산 중 고수익률을 올릴 수 있는 상품입니다. "잘 키운 상가하나 열 아파트 부럽지 않다."라는 이야기도 있습니다. 실제로 꾸준히 수익이 발생하는 상가 하나가 평범한 수익형 여러 채에 맞먹는 힘을 발휘합니다. 다만, 앞에 써 놓았듯이 고려해야 할 것들이 매우 많습니다. 쉽지 않습니다. 상가 투자는 상대적으로 리스크가 높으므로 여러 가지를 따져 보고 투자해야 합니다. 혹 공실이 장기화할 경우, 큰 손실이 날 수 있으므로, 내가 버틸 수 있는 기본 자금도 잘 생각하기 바랍니다.

4) 경제적 자유를 향한 최종 목표 건물주

> 살면서 미쳤다는 말을 들어보지 못했다면
> 너는 단 한 번도 목숨 걸고 도전한 적이 없던
> 것이다
> _W.볼턴

빌딩, 건물주 투자 목적에 대해서는 의견이 많습니다. 어떤 사람은 시세차익이다. 어떤 사람은 임대수익이다. 하면서 건물주 투자 성격에 대해 옥신각신합니다. 아무래도 시세차익을 말하는 분들은 건물을 사고 리모델링을 통해 가치를 올리고 파는 투자에 익숙할 것이고, 임대수익을 말하는 분들은 사이즈가 큰 건물에서 나오는 월세에 집중해서 임대수익에 초점을 맞출 것이기 때문입니다. 두 부류가 맞습니다. 다만, 제가 말하는 경제적 자유는 월세에 초점이 맞춰져 있습니다.

처음 건물에 투자하게 될 때는 먼저는 꼬마빌딩(50억 이하)부터 접근하면서 빌딩 투자에 대해서 경험을 쌓고 수익 내는 방법을 익혀야 합니다. 사실 꼬마빌딩 임대소득만으로, 직장인 월급 이상의 소득을 벌 수 있으므로 부동산투자를 멈추는 분들이 있습니다. 하지만, 꼬마빌딩만으로 경제적 자유를 얻었다고 할 수는 없습니다. 그 이유를 알려드리겠습니다. 50억짜리 꼬마빌딩에 투자하고, 세금, 대출 이자 뺄거 다 빼고 3.5% 임대수익이 생겨난다고 가정해 보겠습니다. 1년 수익은 1억7백만 원 정도 되고, 약 월 1,400만 원 정도의 소득이 발생합니다. 1,400만 원의 소득이 작은 것은 아닙니다. 하지만, 크지도 않습니다. 나 혼자 먹고살기에는 여유 있을 수 있지만, 만약 내가 먹여 살려야 할 가족이 있다면, 조금 여유 있게 살 뿐 경제적으로 자유롭게 살 수 있는 정도가 아닙니다. 실제 부자들과의 대화에서 월 3천만 원의 파이프라인 소득이 생겼을 때 확실한 경제적 자유를 누리게 된다고 말합니다. 그래서 최종 목표를 100억 건물주로 잡은 것입니다.

100억 건물주가 된다는 일은 쉬운 일은 아니지만, 불가능한 것 역시 아닙니다. 내가 마음먹고 실행해 옮기기 시작하면 그때부터 건물주가 되는 길로 접어들게 됩니다. 앞으로 이야기할 건물주 투자전략과 방법은 경제 공부/부동산 공부를 마치고, 파이프라인 구축된 분들에게 필요한 내용입니다.

이제부터 건물주의 이야기를 시작하겠습니다.

빌딩 투자 일반론

건물에 투자해야 하는 최소금액은 대략 10억 원 정도 필요합니다. 현금 10억 원 정도를 소유하고 있으면, 개인 명의로 투자를 하게 되면 20억 원 정도, 법인 명의로 투자를 하게 되면 30~40억 원 정도의 꼬마빌딩을 소유할 수 있습니다. 가끔 "50억 이하의 꼬마빌딩이 있나요?"라고 묻는 분들이 계시는데, 사실 강남 및 종로 같은 대기업과 중소기업이 몰린 회사 촌을 제외하면 50억 원 이하 짜리 꼬마빌딩은 쉽게 찾을 수 있습니다. 심지어 강남에도 꼬마빌딩들이 많이 있습니다.

빌딩, 건물의 장점은 가격 변동이 크지 않다는 것입니다. 부동산 시장이 전체적으로 하락해도 건물의 매가는 잘 떨어지지 않습니다. 반대로 상승장에서 아파트처럼 매가가 가파르게 상승하지는 않습니다. 건물의 가격은 꾸준하게 올라갑니다. 꾸준하게 올라가는 성격 때문에, 안정된 투자 계획을 세울 수가 있습니다. 2008년부터 2018년까지 건물 가격은 매년 10%씩 상승해왔습니다. 다만, 양도세가 약 50%나

되기 때문에 수익률은 계산 시 반드시 양도세를 반영하기 바랍니다.

또 다른 장점은 대출이 잘 나옵니다. 21년 현재까지 주거형 부동산보다 담보대출 비율이 높습니다. 차입 투자를 잘 활용하면 생각보다 금액이 높은 건물을 투자할 수도 있습니다.

꼬마빌딩 투자전략 4가지

1) 건물을 투자할 경우, 처음에는 작은 꼬마빌딩이나 금액이 많이 들어가지 않는 건물부터 시작하기 바랍니다. 건물 투자부터는 변수가 매우 많으므로 한 스텝씩 밟아 나가는 것이 중요합니다. 만약 상가를 여러 번 투자해 본 경험이 있거나 공동 주택 투자 경험이 있다면 크기가 큰 건물 투자를 바로 해봐도 좋습니다.

2) 리모델링, 재건축 등을 통해서 시세차익형 투자를 할 경우, 건물 외벽 디자인이나 모양을 너무 튀게 하지 않는 것을 추천합니다. 단순하게 생각하면 트렌드를 따라가야 더 잘 팔리는 건물이 되겠다고 생각할 수 있습니다. 하지만 여타의 이유로 건물이 안 팔리게 되는 경우가 있습니다. 이러면 오랜 기간 건물을 보유하게 되고, 좋게 보였던 트렌디한 건물이 구식의 트렌드 건물로 바뀌게 됩니다. 이때 매수자에게 좋은 않은 이미지를 줄 수 있습니다.

3) 건물의 경우 투자 금액이 상당하므로 개인이 투자하기 어려울 때도 있습니다. 그럴 때는 공동 지분 투자 방법을 생각해 볼 수 있습니

다. 공동 지분 투자는 여러 명이 나눠서 투자하는 방법입니다. 실제 이 방법은 마음이 맞는 사람들이 모여서 투자를 하게 되면, 소액으로 큰 이익을 거둘 방법입니다. 대표사례로 인당 10억 원씩 5명이 모여서, 강남에 100억 원짜리 빌딩에 투자했습니다. 1년 만에 건물은 115억 원을 넘어섰고, 투자자들은 각각 3억 원의 이득을 얻을 수 있었습니다. 개인이 투자하기 어려운 경우에는 이처럼 공동 지분 투자 개념을 활용하면 쉽고 빠르게 수익을 벌 수도 있습니다.

4) 빌딩 투자의 경우, 각각에 맞는 전문가를 최대한 활용해야 합니다. 공인중개사도 빌딩전문 공인중개사가 따로 있습니다. 상가 투자와 마찬가지로 빌딩은 좋은 매물이 인터넷에 공개되는 경우가 흔하지 않습니다. 이때는 빌딩전문 공인중개사에게 물건을 소개받아야 합니다. 그리고 물건 보고서를 통해서 정확한 정보를 파악할 수 있습니다. 투자금, 매수 후 유지 비용, 매각 후 처리 비용을 전문 공인중개사를 통해서 확인할 수 있습니다. 만약 투자 건물을 리모델링하거나 재건축할 경우 건축사와 같은 전문가를 잘 만나야 하며, 세금 문제 처리는 세무사를 통해서 해결하도록 합니다. 이처럼 각 전문가에게 일을 맡기면 건물 관리가 수월해집니다.

법인설립의 중요성

부동산에 관심 있는 분들은 부동산투자 시 개인 명의를 법인 명의로 돌리고 있다는 기사를 본 적 있을 겁니다. 사실 한 두 채 정도 부동산 소유 시, 법인 명의 효과는 크지 않습니다. 하지만 금액이 큰 부동산을 취득할 경우 법인설립이 종합적으로 유리합니다.

먼저 취득세를 보면 개인은 4.6%를 내지만, 법인은 (일정 요건을 갖추지 못할 경우) 9.4%의 취득세를 내게 됩니다. (일정 요건 = 과밀지구 내 적합 업종으로 5년 이상 사업할 것) 취득세만 놓고 보면 법인설립이 상당히 불리해 보입니다. 하지만 양도세 부분에 있어서 법인에 압도적인 혜택이 있습니다. 아래 개인과 법인의 양도세 차이를 보겠습니다.

| 그림 20 | 개인과 법인의 양도세 차이

개인 과세표준	세율	누진 공제
1200만 원 이하	6%	–
1200만 초과~4600만 원 이하	15%	108만 원
4600만 초과~8800만 원 이하	24%	522만 원
8800만 초과~1.5억 원 이하	35%	1490만 원
1.5억 초과~3억 원 이하	38%	1940만 원
3억원 초과~5억 원 이하	40%	2540만 원
5억 원 초과	42%	3540만 원
법인 과세표준	세율	누진 공제
2억 원 이하	10%	–
2억 원 초과~200억 원 이하	20%	2천만 원
200억 원 조과~3000억 원 이하	22%	4억2천만 원
3000억 원 초과	25%	94억2천만 원

5억 원 초과 양도세가 발생하면 개인이 투자할 시, 내야 하는 세금

이 법인 세금 대비 약 2배나 더 내게 됩니다. 앞서 취득세는 법인이 높다는 것을 알려 드렸지만, 양도세로 얻는 이득이 취득세의 불리한 점을 압도하기 때문에 법인으로 부동산을 취득하는 것이 좋은 방법입니다. 세금 혜택 외에도 대출을 받을 경우, 개인 보다 법인의 대출 비율이 더 좋으므로 법인으로 건물을 매수하는 것이 여러모로 유리합니다.

임장은 건물 투자를 위한 필수 노력

건물 투자 역시 가장 중요한 것은 역시 입지 분석입니다. 부동산은 처음부터 끝까지 입지가 제일 중요합니다. 그러므로 건물 투자 역시 발품은 필수입니다. 인터넷이 발달해 있으므로 손품으로 때우려는 분들이 많습니다. 손품만으로는 물건의 가치를 절대 알 수 없습니다. 현장에 가봐야 보이지 않는 것들이 보이게 됩니다.

고객 중에서 부평 근방의 빌딩을 매입할 계획을 갖고 입지 분석 의뢰를 받은 적이 있습니다. 인터넷상으로 확인해 보았을 때, 주변 시세나 수요 동선 등을 고려했을 때는 꽤 괜찮은 물건이었습니다. 또한, 인근의 시세 대비 저렴한 가격이 책정됐기 때문에, 투자하기 좋은 물건으로 판단됐습니다. 손품을 팔고 해당 현장을 갔을 때 가격이 저렴하게 나온 이유를 알게 됐습니다. 근방 인근 공장 단지가 있고 그곳에서 발생한 매연 및 메케한 냄새가 해당 건물로 직통으로 오는 것이었습니다. 눈으로만 볼 때는 절대 알 수 없는 것입니다. 이처럼 현장에 가야만 알게 되는 것들이 있습니다. 또한, 사례로 은평구 부근 건물 입지 분석 의뢰가 있어서 가보았습니다. 손품의 결과 생각보다 매우 저렴하게 나온 물건이었다고 판단됐습니다. 하지만 현장에 가본 결과 왜 가격이 저렴하게 나온 것인지 알 수 있었습니다. 건물에 인접한 도로가 매우 협소하였고, 근방 건물들이 주차할 곳이 없어서 도로의 절반 이상이 주차장화 돼 있었습니다. 이런 점은 세입자가 살기에 매우 불편한 것이고, 집값, 건물값이 떨어질 수밖에 없는 것입니다.

건물 투자를 위해 임장을 갈 때는 무조건 걸어갈 것을 추천합니다. 차로 가면서 차량 통행의 편리성을 파악하는 것도 필요합니다. 하지만, 걸어서 주변을 돌아다녀 봐야 역 근접성, 출퇴근 편리성, 문화시설 이용 편리성 여부 등을 알 수 있습니다. 또 시간대를 달리하면서 해당 투자 건물지를 방문해야 합니다. 건물의 분위기는 낮과 밤이 다르고, 요일에 따라 다르기 때문입니다.

지역 공인중개사 도움 및 인근 지역 파악하기

앞서서 빌딩 전문 공인중개사의 도움을 받는 것이 좋다고 이야기했습니다. 다만, 그 지역 특성을 제대로 알고자 할 때는 그 지역의 일반 공인중개사를 찾아가 자문하는 것은 최선입니다. 공인중개사에게 알아야 할 핵심 정보는 해당 건물의 공실률 및 주변 건물의 시세, 매매 사례, 인근 주민 상황 등입니다. 공인중개사만으로 해당 정보를 얻기 힘들다면, 주변 슈퍼마켓이나 오래돼 보이는 가게에 들어가서 이야기를 들어보는 것도 좋은 방법입니다. 이렇게 돌아다니며 정보를 얻다 보면 생각지도 못하게 좋은 물건을 발견할 수 있습니다. 한 일례로, 입지 분석 및 빌딩 구매 의뢰를 받아서, 광진구 지역을 집중적으로 보던 적이 있습니다. 당시 의뢰받은 건물은 20억 원가량의 3층 꼬마빌딩 이었으나, 해당 지역을 돌아다니다가 그 옆 건물의 건물주를 만나게 됐고, 더 좋은 조건으로 매도하려는 계획을 알게 됐습니다. 결국, 의뢰인에게 더 좋은 조건으로 건물을 안내해 드린 사례가 있습니다.

현존 임대 수익률에 시야를 좁히지 마라

건물의 경우, 내 노력으로 시세차익과 임대수익을 높일 수 있습니다. 타 수익형 부동산의 경우 인테리어 등을 다시 한다고 해도 임대수익을 올리기가 쉽지 않습니다. 하지만 건물은 외관을 완전히 개조 혹은 변경할 수가 있습니다. 사람이 사람을 볼 때도 외모를 보고 호감이 느끼듯이 건물도 똑같습니다. 이쁘고 잘생긴 건물일수록 관심을 두는 사람이 많아집니다. 그러므로 개조/보수가 잘 될수록 임대료를 올릴 수도 있고 빌딩의 매매가도 올릴 수가 있습니다. 이런 개조 보수는 주변 환경에 맞춰서 할 수도 있고, 더 돋보이게도 할 수 있습니다. 수리 개조 건은 건축사와 상의를 하면 아이디어를 얻을 수 있습니다. 다만 앞에서도 이야기했듯이, 너무 튀거나 유행을 좇아가다 보면 안 좋은 이미지를 줄 수 있으므로 단순화하면서 세련되게 바꾸는 것이 포인트입니다.

현재 건물 가치를 평가했을 때 적은 임대 수익률만 가지고 투자 대상에서 제외하지 않기를 바랍니다. 오래된 건물에서 임대수익률이 높게 나올 수는 없습니다. 오래된 건물일수록, 입지가 좋은 경우가 많고, 교통이 요지에 있는 경우가 많습니다. 완전히 새로 만든다는 생각으로 접근할 수도 있고, 아니면 외관 리모델링을 통해서 가치를 올릴 수도 있습니다. 이런 수리/보수만으로 처음 계산했던 수익률보다 훨씬 더 높은 수익률을 얻을 수 있습니다. 임대 수익률만 보고 투자를 할지 말지 결정하는 것은 투자 초보자입니다. 입지가 좋고, 개/보수 등을 통해서 가치를 올릴 수 있는 물건이라는 판단이 선다면 수리/개조에 들어가는 비용을 계산해 보고, 적합하다고 판단되면 투자를 시도해 봐야 합니다. 오래되고 구식인 건물이 나에게 황금알을 낳는 거위로 바뀔 수도 있습니다. 현존하는 가치만을 바라볼 것이 아니라 미래 가치를 볼 줄 아는 눈을 키워야 합니다.

진짜 선한 영향력을 행사하라

건물주가 되기 위해 여러 이야기를 해드렸습니다. 앞서 해 드린 이야기 외에도 주의해야 하고 알아야 하는 것은 매우 많습니다. 건물 투자 관련해서만 책을 쓴다면 책 한 권으로는 부족할 정도로 신경 써야 할 것이 많습니다. 하지만 그런 것들은 지식이거나 기술적인 부분입니다. 건물주가 돼 가면서 차차 하나씩 알아가고, 익혀나가면 됩니다.

가장 중요한 것이 하나 있습니다. 건물주가 된다는 것은 경제적 자유와 시간의 자유를 누리게 된다는 것이고, 이를 위해서는 부동산투자가 아니라 부동산 사업을 한다는 사실을 알았으면 합니다. 즉 큰 규모의 임대 사업을 하는 것으로 생각하면 됩니다. 그리고 거기서 나오는 수익으로 나의 경제적 자유가 실현되는 것입니다. 임대 사업은 물건을 파는 제조업도 아니고 지식을 파는 지식산업도 아닙니다. 순수하게 사람의 주거 공간을 제공하고 그로 발생 되는 이익을 얻는 사업입니다. 그러므로 내가 어떻게 세입자를 대하느냐에 따라 나의 수익이 달라집니다.

사실 과거부터 집주인, 건물주에 대한 인식은 그다지 좋지 못했습니다. 수전노, 구두쇠 영감 등 눈치를 봐야 하는 존재이고, 피하고 싶은 대상입니다. 제대로 된 건물주가 많지 않기 때문에 그런 인식이 생겨날 수 있습니다. 하지만 내가 건물주가 됐다면, 세입자에게 최대한 잘해 주기 바랍니다. 그러면 내 건물은 더 잘 되게 돼 있습니다. 선한 영향력이 미치면 미칠수록 나는 더 잘 되게 돼 있습니다. 또 주거 안정화에 기여하고 주거 공간을 더 좋게 만들어 줄 수 있는 큰 역할을 하는 사람이 바로 건물주입니다. 일반 사람이 미치는 영향보다 더 큰 영향을 사회에 미치게 됩니다. 당신이 건물주가 됐다면 선한 의지를 갖추고 선한 영향력으로 사회에 기여하기 바랍니다.

5
부동산 시장은 우상향이다
하지만

과거를 기억 못하는 이들은
과거를 반복하기 마련이다.

_조지 산타야나

모든 재테크 시장이 그렇듯 부동산에는 오르락내리락하는 상승장과 하락장이 있습니다.

다만 부동산은 다른 재테크 분야와 가장 큰 차이점이 있다면, 오르락내리락하면서 전반적으로 올라가는 구조라는 점입니다. 타 재테크 분야 중 우상향하는 분야는 없습니다. 우상향의 원인은 땅값의 상승이라는 이야기를 앞에서 설명해 드렸습니다.

혹 누군가는 이렇게 우상향을 하다 결국은 떨어진다, 부동산은 이미 상투다 등과 같은 말을 하며 부동산 하락론을 이야기하기도 합니

| 그림 21 | 서울시 아파트 매매가격지수

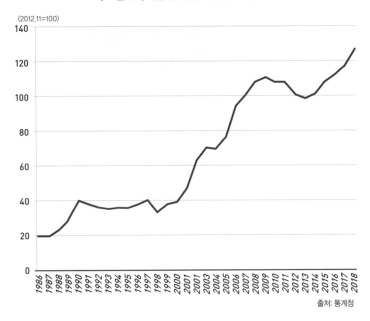

(2012.11=100)

출처: 통계청

다. 하지만, 전 세계 부동산 트렌드를 보게 되면 부동산 하락론을 언급하기 쉽지 않습니다. 선진국 부동산 가격은 서울보다 훨씬 비싸고, 그 가격이 쉽게 내려갈 기미를 보이지 않습니다. 하다못해 부동산 버블로 부동산 침체기를 겪었던 일본조차 수도인 동경의 부동산 가격은 계속 올랐지, 하락하지 않았습니다. 앞으로 몇 닌 동안 계속 오를 것이라고 이야기할 수 없지만, 입지 좋은 부동산은 가격이 절대 하락하지도 않고 우상향할 것으로 예측됩니다.

부동산을 분석하는 구조로 누군가는 침체기-회복기-호황기-급등

서울대 가기보다 쉬운 내 아이 건물주 되기

기-하락기의 5구간 이론을 이야기하기도 합니다. 그래서 구간별 투자전략을 이야기하고 대응법을 이야기하기도 합니다. 내가 투자 전문가라면 각 시기에 맞춰서 필요 부동산을 골라가며 샀다 팔았다 할지 모르겠습니다. 하지만 일반인이 이런 구간별 전략에 맞춰서 투자하기란 쉽지 않습니다. 그리고 2018년부터 급등한 부동산 시장을 보면 이것을 호황기인지 급등기인지 파악하기도 쉽지 않습니다. 전문가마다 자신이 주로 투자하는 방법으로 이 기간에 이것 해야 하네 저것 해야 하네 라고 이야기하지만 보통 사람들에게는 혼란스러울 뿐입니다. 부동산 사이클에 따른 투자전략에 있어서 정답은 없습니다. 즉 부동산에 절대 법칙이라는 것은 존재하지 않습니다. 굳이 투자전략을 세운다고 하면 내가 잘할 수 있고 쉽게 따라 할 수 있는 분야를 선택해서 꾸준히 하라고 권해드리고 싶습니다.

부동산투자를 할 수 있는 분야는 매우 다양합니다. 땅, 아파트, 오피스텔, 오피스, 레지던스, 상가, 지식산업센터, 건물 등등 매우 다양하므로 무엇이 최고라고 할 수 없습니다. 내가 돈을 벌 수 있는 것이라면 무엇이든 좋은 것입니다. 하지만 어떤 분야든 돈을 꾸준히 벌기 위해서는 공부도 필요하고 투자하는 경험도 필요합니다. 그리고 실패도 경험해 봐야 합니다. 만약 이런 노력과 경험을 안 하게 되면, 남의 말만 듣게 되고, 이리저리 끌려다니게 됩니다. 그래서 남들이 이거 좋다 저거 좋다 하는 식에 끌려다니며 제대로 된 투자를 못 하고 매번 제자

리걸음을 하게 됩니다.

우선은 자신의 투자 분야를 결정하고 그 분야의 전문적인 지식을 갖추도록 노력하기 바랍니다. 이 책 전반에 걸쳐 이야기하지만, 저는 수익형 부동산으로 이익을 얻는 노력을 했고, 궁극적으로는 수익형 부동산의 끝판왕인 건물주가 되라고 말하고 있습니다. 부동산의 상승장이 오든 하락장이 오든 제대로 된 수익형 부동산 수익구조를 만들게 되면 크게 흔들리지 않습니다. 사실 상승장 하락장에 가장 큰 타격을 보는 구조는 시세차익형 구조입니다. 상승장에서는 시세차익형 부동산(아파트)은 가격이 많이 올라가게 됩니다. 그리고 너무 많이 올라가게 되면, 외부 요소에 의해 자연스럽게 가격 조정 시기가 옵니다. 이후 가격이 하락하기 시작하거나 보합세가 오면, 부동산에 관심을 가졌던 투자자들이 다른 투자 시장(주식, 펀드, 비트코인, 금, 환) 등으로 관심을 돌립니다. 그러면 유동자금의 방향이 바뀌게 되고, 타 재테크가 인기를 끌기 시작합니다. 이때 시세차익형 투자자들은 어려움을 겪습니다. 물건을 내놓아도 팔리지 않고, 이미 높아진 가격으로 인해 세금은 세금대로 내야 하기 때문입니다. 그래서 손해를 보고 파는 경우가 발생합니다. 하우스 푸어가 되는 경우도 있습니다. 이 모든 이야기는 시세차익형 투자자들의 이야기입니다.

만약 부동산투자를 투자로 생각하지 않고 사업으로 생각했다면 이야기가 달라집니다. 부동산 부자들은 절대로 부동산을 시세차익으로 샀다 팔았다 하지 않습니다. 시세차익형 투자가 투기를 부추기는 것이고 부동산 가격 오르는 일에만 신경을 쓰기 때문입니다. 만약 부동산을 사업적 관점으로 다가간다면, 내가 소유한 부동산에서 안정적인 소득 발생에 집중을 하므로 억지로 가격을 올리려고 하지도 않습니다. 가격이 무리하게 올라가면 오히려 세입자가 부담해야 하는 금액이 늘어나고, 세입자는 나갈 수밖에 없습니다. 그 결과 안정적인 수입이 끊어지는 현상이 생기기 때문입니다.

가장 중요한 점은 시세차익을 노리고 부동산을 늘리는 것이 아니라 안정적인 수익구조를 낼 수 있는 부동산을 늘리는 것입니다. 안정적 수익구조가 늘어날수록 자연스럽게 경제적 안정과 시간의 자유를 누리게 되는 것이 핵심입니다. 이를 간과한 사람들이 부동산 가격에 오르는 것에만 초점을 두고 시세차익 투자에 사활을 걸게 됩니다.

누군가는 수익형으로 돈 버는 일이 바보 같다고 이야기합니다. 몇 년 사이에 아파트 가격이 말도 안 되게 올라갔습니다. 아무리 월세를 여러 군데에서 받는다고 하더라도 시세차익 상승 속도가 빠르므로 월세로 벌어들인 총금액이 결국 아파트 시세차익을 따라잡지 못한다는 점입니다. 단 기간 내 총 수익률만 따지고 본다면, 그 말은 일리가 있습니다. 하지만 어느 순간 보합세가 오고 하락기가 왔을 때, 시세차익 투자자들은 똑같은 이야기를 할 수 없을 것입니다. 더구나 아파트 값이 아무리 올라도, 내가 당장 팔지 않기 때문에, 내 수중에는 현금이 없습니다. 만약 하락기나 가격 조정기 도래 시, 물건을 내놓아도 팔리지 않는 순간이 옵니다. 그러면 어떻게 버틸 수 있을까요? 그때 어떤 대책을 세우실 것입니까? 만약 시세차익형 투자가 주 종목이라면 하락기에 대한 대비책을 꼭 가지고 있어야 합니다.

저 역시도 시세차익형으로 돈을 번 경우가 있습니다. 하지만 번 돈으로 시세차익형을 늘려 가기보다 수익형을 늘려가는 노력을 했습니다. 당장은 큰돈이 안돼 보이고 돈 모으는 속도가 느려 보일 수 있지만, 그 모으는 돈의 속도는 가속이 붙고 매우 빠른 속도로 성장함을 알게 됩니다.

돈을 모은 사람들이 꼭 하는 이야기가 있습니다. 처음 1억 원을 버는 것은 어렵지만, 2억 원 버는 것, 5억 원 버는 것은 점점 쉬워진다는 것입니다. 돈이 꾸준하게 벌리는 구조를 생각해야 합니다. 그리고 돈이 돈을 버는 구조를 생각하는 점이 중요합니다.

부동산의 상승장, 하락장이든, 부동산 사이클 구조든 전부다 시세차익형 투자자들이 신경 써야 하는 부분입니다. 내가 시세차익만 고려한다면 부동산 사이클에 맞춰서 다음에 뜰 재테크 분야에 집중하고 투자 계획을 세워야 할 것입니다. 이런 일에 능하지 못하다면 부동산으로 큰돈을 벌기는 어렵습니다.

6
정부 정책에
맞서지 않는 방법

부동산투자 분야에서 유명한 말이 있습니다. "정부 정책에 맞서지 마라."라는 말입니다.

부동산에 대한 규제가 심해지는 시기일 때, 정부 규제를 거꾸로 거슬러서 투자해 봤자 손해를 보거나 큰 이득을 얻을 수 없다는 이야기이기도 합니다. 그렇다면 정부 정책에 편승해서 같이 나갈 방법은 없을까요? 말 표현이 조금 우습긴 하지만 정부와 손잡고 투자하는 방법에 관해서 이야기하고자 합니다.

앞 장을 읽으신 분들은 어느 정도 눈치를 채셨을 것입니다.

정부 정책에 크게 영향받지 않는 부동산 물건은 수익형 부동산입니다. 수익형 부동산 중에서도 정부가 지원하는 물건이 있고, 규제하는 물건이 있습니다. 정부 정책은 계속 바뀌기 때문에 무엇이 맞고 무엇이 틀리다고 이야기하기 쉽지 않습니다. 하지만 정부 정책을 보면 정부가 지원하는 부동산이 있다는 것을 눈치챌 수 있습니다.

매년 정부의 주요 과제는 경제 활성화입니다. 여·야당이 지원하는 대기업은 다를 수 있지만, 민생 안정, 소상공인 지원, 벤처 기업 장려에 대해서는 모두 동의하는 정책을 내놓습니다. 이 정책과 관련된 부동산 시장에는 정부가 거의 손대지 않습니다. 관련된 부동산 시장은 비주거형 수익형 부동산입니다. 소규모 사업이나 벤처 사업을 장려해야 하므로 해당 부동산 시장은 규제 정책을 거의 펴지 않습니다.

대표적인 정부 지원 부동산 시장은 지식산업센터입니다. 앞에서 투자전략 이야기를 할 때 소개했습니다. 지식산업센터는 담보대출 비율이 신용 대출까지 고려하면 90%대까지 나오게 됩니다. 만약 부가세 환급 10%를 받게 되면 투자금이 거의 없다고 보면 됩니다. 투자자가 아닌 실입주 기업이라면 지식산업센터의 부동산 많은 세금 감면 혜택을 받을 수 있습니다. 실입주가 아닌 투자자도 세금 감면 혜택을 받지 못할 뿐 높은 담보대출 비율을 활용할 수 있습니다. 21년도 기준으로 수익형 부동산투자를 한다면 지식산업센터를 꼭 고려해야 합니다.

지식산업센터 이외에도 사무실과 오피스텔을 비주거형으로 투자를 하게 되면 꽤 안정된 수익을 기대할 수 있습니다. 주거형 투자 규제에 초점이 맞춰지고 있을 때는 비주거형에 관심을 가져야 합니다. 시세차익 투자만 생각하지 않는다면, 정부 정책에 큰 영향을 받지 않고할 수 있는 투자는 많이 있습니다. 공유 오피스 지분 투자 방식을 활용할 수도 있고, 고시원이나 음악 연습실 투자를 통해서 안정된 월세를받을 수도 있습니다. 대개 빌라 같은 테마형 부동산투자 방식으로도수익형 부동산투자를 할 수 있습니다. 이외에도 공동투자 방식을 활용해서 건물 투자를 하고 시세차익과 월세를 동시에 노려볼 수도 있습니다. 조금만 알아본다면 월세 수익형 투자는 다양한 형태로 할 수있고, 제2의 월급을 쉽게 만들어 낼 수 있습니다.

남들이 다하는 투자 방식이나 언론에서 주로 말하는 부동산투자는거의 다 시세차익 투자에 초점이 맞춰져 있습니다. 그러므로 정부의표적이 되고, 정부 규제에 울고 웃게 되는 것입니다. 정부 규제가 아무리 심해져도 관계없는 투자를 해야 하는 것이 아닐까요? 남들의 표적이 되는 투자가 아니라, 단단하게 흔들리지 않는 투자를 할 필요가 있습니다.

진짜 나를 부자로 만들어 줄 수 있는 부동산투자 방법을 배우고 시도하기 바랍니다.

7
부자들은 자신이
살고 싶은 곳에 투자한다

타인을 감동시키려면
먼저 자기가 감동하지 않으면 안 된다.
_ 장 프랑수아 밀레

1) 객관적 판단을 능가하는 감(感) 투자

부동산투자 초보 시절 한참 임장을 다니며 여러 부동산 물건을 알
아보러 다녔습니다. 당시 부동산 공부 좀 했다고 생각하며 입지 분석
에 자신만만하던 때였습니다. 하루는 아내와 대전에 갈 일이 있어서
간 김에 투자 연습 겸 근처 아파트를 보러 가게 됐습니다. A 아파트가
가장 괜찮다고 생각하며 가고 있었는데, 아내가 B 아파트를 가리키
며 마음에 든다는 것이었습니다. B 아파트는 A 아파트보다 역에서도

멀고, 유동인구도 적고, 연식도 오래됐기 때문에 관심에서 제외된 물건이었습니다. 저는 아내에게 A 아파트가 더 매력적인 이유를 설명하면서 B 아파트의 가치는 상대적으로 낮다고 설득했습니다. 아내는 이해할 수 없다면서 볼멘소리를 냈지만, 더 이상의 대꾸는 하지 않았습니다.

6개월 뒤 B 아파트 가격이 생각 이상으로 올랐습니다. 그에 반해 A 아파트는 거의 오르지 않았습니다. 너무 놀라서 그 결과를 아내에게 알려주었고 왜 그때 B 아파트가 좋았는지 묻자 아내는 의기양양해서 다음처럼 말했습니다. "부동산을 공부를 많이 한 것은 인정한다. 하지만 사람들이 정말로 살고 싶어 하는 곳이 어디일지 생각해 본 적 있느냐?"라는 것이었습니다. 부동산은 기본적으로 사람들이 살기 좋아야 하는 곳입니다. 아내는 B 아파트를 보았을 때 아이들과 같이 놀 수 있는 공간이 많았고, 사람들이 좋아할 만한 휴식공간이 많고, 주변 마트 근접성 등이 좋아 보였다고 합니다. 더구나 건물색이 다른 아파트보다 더 예쁘게 칠해져서 마음에 들었다는 것입니다. 엄마의 관점에서 당연히 B 아파트가 자녀 키우기에 더 살기 좋아 보였기 때문에 저에게 B 아파트를 권했다고 합니다.

어떤가요? 부동산투자에 필요한 공부가 아무리 잘 돼도, 현장에서 그 분위기를 느끼며 사람들이 선호할 만한 집이 무엇일지를 생각한다면 투자의 결과가 달라질 수 있습니다. 이때 경험을 바탕으로 내가 살고 싶은 집이어야만 남도 살고 싶다는 사실을 알게 됐습니다. 부동산 투자 시 남자는 이성적으로만 판단하는 경향이 있습니다. 그에 반해 여자는 감성적으로 접근하는 경향이 있습니다. 부동산은 이성적 판단 보다는 감성/심리가 그 가치를 결정하는 경우가 많습니다. 오죽하면 '부동산은 심리'라는 이야기가 있을 정도이니까요.

부동산투자 시, 감성 포인트는 크게 작용합니다. 아무리 가성비 좋고, 객관적인 수치가 다 좋다고 해도, 감성적 포인트가 부동산 가격을 결정하는 경우가 많이 있습니다. 그러므로, 부동산의 심리적 영향력에 대해서도 알고 있으면 좋습니다. 내가 부동산의 주인이 되고 나면, 매수자의 입장에서 매도자의 입장으로 변합니다. 그렇다면 내가 살 때 좋게 느꼈던 점을 매수자에게 잘 전달하면 더 좋은 조건으로 내 물건을 팔 수 있지 않을까요? 부동산투자를 할 때, 나 혼자 보기에 좋아 보이는 것인지, 아니면 다른 사람도 좋아 보이는 물건에 투자하는 것인지 생각해 볼 필요가 있습니다. 이런 생각을 안 하게 되면, 부동산투자 시 실수할 수 있습니다.

감성 이야기가 나왔으니 감(느낌, 촉)과 관련된 부동산투자 이야기를 조금 더 해보겠습니다. 부동산투자를 오래 하다 보면 저 물건이 괜찮다는 감이 오는 경우가 있습니다. 물론 증명하거나 설명하기 힘든 영역입니다. 하지만 부동산투자 시 매우 중요한 부분이기도 합니다. 많은 경험을 쌓다 보면. 이 감은 자연스럽게 키워지게 됩니다. 재미있는

서울대 가기보다 쉬운 내 아이 건물주 되기

점은 내가 살고 싶고 갖고 싶다고 느끼는 순간이 감이라고 알려드리고 싶습니다. 너무 객관적인 수치에만 몰두하다 보면 이 감을 놓치는 경우가 많습니다. 앞의 사례에서 이야기했듯이 남성분들이 이성에 의해서만 판단하다 보니 감 능력이 떨어집니다. 반면에 여성분들의 경우 자연스럽게 감에 의해서 접근하는 경우가 많습니다. 누군가는 비전문적이다 뭐다 하며 감과 관련된 부분을 비난하지만, 비난하는 사람치고 투자를 잘하는 사람을 보지 못했습니다. 보통 여성이 남성보다 상대적으로 부동산에 더 많은 관심을 가집니다. 부동산업에서 수많은 계약자를 만나다 보면, 대부분이 여성이고 여성들이 남성보다 부동산투자에 더 많은 관심을 기울입니다. 땅이 음의 기운이어서 그렇다는 오행 역학자 이야기도 있지만, 그런 이야기보다는 집은 곧 안정을 말하고 삶의 터전이며 자식을 키우는 공간이기 때문에 여성이 남성보다 더 관심을 가지는 것이 당연하게 보입니다. 아무튼, 부동산투자자에 비율을 따지고 보면 여성이 더 많은 숫자를 차지하기 때문에, 여성들에게 익숙한 감 투자를 알아야만, 부동산투자가 더 수월합니다.

2) 부동산은 심리와의 전쟁이다

감 투자와 더불어 알아 두어야 하는 것은 부동산은 심리 싸움이라는 점입니다. 부동산에서 감에 의한 투자가 기본적으로 깔려 있으므로, 사람들은 투자 시 보기 좋은 것, 듣기 좋은 것에 현혹되기가 쉽습니다. 부동산 판매 업자들도 이런 부분을 노리고 고객들에게 감성 포인트에 맞춰서 접근합니다. 그래서 모델하우스 같은 곳에 갔다가 혹해서 계약하는 경우가 감성적인 부분에 당했기 때문입니다. 또 이런 감성 부분을 제일 잘 이용하는 곳이 있습니다. 바로 언론입니다. 언론을 조종하는 다른 세력이 있다는 이야기도 있지만, 확인할 수 없는 부분이기 때문에, 더 언급하지는 않겠습니다. 부동산 가격이 연일 오르고 정부에서 집값을 잡겠다고 공포하면, 언론은 빠른 속도로 매일 부동산 관련 어두운 기사를 내보냅니다. 언론에서 전달하는 내용 중에 심한 경우 정확한 사실은 전체 내용에 10%도 안 되는 경우도 있습니다. 그런데 '두려운' 혹은 '과장된' 제목으로 사람들을 현혹하고 그 말이 곧 이루어질 것인 마냥 전달합니다. 물론 언론의 사정을 잘 아는 사람이라면 쉽게 넘어가지는 않습니다. 하지만 대부분 사람은 언론이 전달하는 내용을 곧이곧대로 믿고 따라갑니다. 하다못해 부동산투자에 잔뼈가 굵은 사람들조차 언론 때문에 투자를 멈추게 되기도 합니다. 중요한 것은 언론이 사용하는 방법은 심리전을 이용한다는 것입니다. 대중을 선동하고, 전체적인 사회 분위기를 바꿔 나가는 방식입니다. 인간은 기본 심리가 단순하므로, 이런 내용에 순간 휩쓸리게 되고, 정확한 판단을 내리지 못하게 됩니다.

언론, 주변 지인이 이렇다더라. 저렇다더라 하는 이야기에 휩쓸리면 안 됩니다. 자신만의 부동산 멘토나 전문가가 알려주는 이야기 외에는 다 참고 사항일 뿐입니다. 제일 중요한 것은 나의 부동산투자 내공입니다. 나만의 기준이 있고 가치 판단력이 있게 되면 주변에서 하는 말은 다 흘려들을 수 있습니다. 그리고 내 투자 내공을 키우기 위해서는 부동산 공부를 해야 하고 경험을 쌓아야만 합니다. 부동산은 심리 게임이고, 많은 언론과 정치권에서 이용하는 가장 큰돈 시장입니다. 흔들리지 않고 내 돈을 더 불리기 위해서는 부동산 실력을 키워야만 합니다. 부동산에 어느 정도 눈을 뜨게 되면 안 보이던 것들이 보이게 됩니다.

실력을 키워서 부동산 심리전에 휘말리지 않으시기 바랍니다.

3) 강남부자들은 같은 값이면 이것을 선택한다

샤넬과 구찌 같은 명품 브랜드를 사보신 경험이 있으신가요? 보통 결혼하신 분들은 소형이라고 하더라도 명품을 사본 경험이 있을 것입니다. 만약 사본 적이 없다고 하더라도 명품 하나쯤은 갖고 싶다는 생각은 해봤을 것입니다. 재미있는 점은 명품은 품질과 상관없이 매우 비싸다는 사실입니다.

명품이 좋기는 좋지만 그렇다고 그 가격만큼 품질이 좋지는 않습니다. 명품 회사는 늘 이렇게 말합니다. 우리는 제품에 가치를 입힌다고 말입니다. 멋지게 표현했을 때 가치라고 말하는 것이지, 단순하게 말하면 브랜드값이 가격을 올린 것입니다. 가격 대비 성능만 놓고 본다면 명품은 사치품이고 과소비 제품입니다. 많은 사람은 이 사실을 알면서도 명품을 못 가져서 안달입니다. 만약 명품에 한정판이라는 단어가 추가되면 기를 쓰고 달려듭니다. 가성비가 최악인 사치품을 왜 사람들이 열광하는 것일까요?

앞서 이야기한 브랜드 가치 때문입니다. 같은 가방을 메고 가더라도 해당 명품 로고가 찍혀 있으면 내가 상류층이 된 듯한 인식을 남에게 줄 수 있기 때문입니다. 안 그래도 남들에게 뽐내기 좋아하는 한국 사람들은 명품에 더 열광할 수밖에 없습니다. 부동산 역시 마찬가지입니다. 브랜드 부동산의 구매 심리가 작용합니다. 한 사례를 들면, 한 지역에 A 아파트와 B 아파트가 있습니다.

A는 브랜드, B는 비 브랜드 아파트입니다. B 아파트가 A 아파트보다 더 넓습니다. 그리고 부가 옵션도 B 아파트가 더 좋습니다. 그런데 가격은 A가 B보다 비쌉니다. 그리고 A 아파트는 물건이 없어서 나오

자마자 사라집니다. 왜 그럴까요?

　앞에서 대장 아파트 이야기를 했던 것을 기억하시나요? 대장 아파트는 거의 다 브랜드 아파트입니다. 쉽게 이야기해서 그 지역에서 가장 비싼 아파트는 무조건 브랜드 아파트입니다. 아파트뿐만 아니라 수익형 부동산에서도 브랜드 물건이 비 브랜드보다 더 비싸게 거래됩니다. 이런 이유는, 일반 사람들에게 있어서 부동산에 대해 깊이 있게 알기 어렵고, 세부적인 것을 알려고 노력하지도 않습니다. 그래서 브랜드 하나 믿고 구매하는 경우가 매우 많습니다. 그러므로 브랜드에 많은 힘이 실리게 됩니다. 사실 브랜드만 놓고 부동산투자를 하는 것은 매우 초보자들이나 하는 것입니다. 하지만 부동산 브랜드가 절대적인 힘을 발휘하는 때도 있습니다. 그러므로 부동산투자를 할 때, 비교군 간의 기본적인 조건이 거의 비슷하다면 브랜드가 있는 물건을 선택하기 바랍니다.

8

우물쭈물하다가는
기회가 없다

기회는 과감한 자를 좋아한다.

_리처드 브랜슨

    많은 분에게 부동산 컨설팅을 하면서 느끼게 되는 점이 있습니다. 아무리 좋은 것을 안내해도 투자를 하겠다는 마음 상태가 준비돼 있지 않으면, 절대 투자를 하지 않는다는 것입니다. 투자는 본인이 하는 것입니다. 그러므로 신중해야 하고, 많은 공부를 해야 하고, 깊이 있게 생각해야 합니다. 하지만 투자를 너무 어렵게 생각해서도 안 됩니다. 투자 공부라고 한다면 어디까지 해야 할까요? 어느 단계에 이르러서야 투자를 할 수 있는 것일까요?

    정답은 없습니다. 투자 단계라는 것도 레벨이라는 것도 없습니다. 투자하는 것은 돈만 있으면 누구나 할 수 있는 것이기 때문에 투자의 시기 역시 존재하지 않습니다. 투자하며 배우는 것이 가장 빠른 길입니다.

부동산을 잘 모르는 K 씨가 있었습니다. 그분은 저에게 컨설팅을 받고, 바로 부동산투자를 시작했습니다. 물론 소액의 수익형 부동산부터 접근할 것을 권했고, 조금 더 공부할 것을 권했습니다. 그분은 성격이 원체 급하다 보니, 그다음 날 바로 가서 오피스텔을 계약했습니다. 실행력만큼은 최고인 분입니다. 하지만 역시나, 연식이 너무 오래된 물건을 투자해서 수익률이 생각보다 좋지 못했습니다. 그런데 K 씨는 첫 투자 결과에 굴하지 않고, 시세차익과 월세를 다 노릴 수 있는 물건을 찾아다니며, 빠른 속도로 다음 투자를 하였습니다. 결국, 꽤 괜찮은 수익형 부동산을 가질 수 있었고, 150만 원 이상의 임대소득을 벌게 됐습니다. K 씨의 경우는 투자하며 배우는 유형입니다. 중요한 점은 부동산투자는 공부하면서 아는 것보다 투자 경험을 하면서 배우는 것이 더 많습니다.

만약 부동산 물건을 알아보다가 정말 마음에 드는 물건이 나왔다면 신속하게 구매하라고 권해드리고 싶습니다. 앞의 예에서도 보았지만, 부동산에서 과감성은 매우 중요합니다. 내가 마음에 드는 것은 다른 누군가도 마음에 들 가능성이 매우 큽니다. 과감하게 내가 투자를 하지 않을 경우, 놓칠 가능성이 크기 때문입니다. L 씨 부부가 상담을 받으러 온 적이 있습니다. 그들은 빌라 투자에 관심을 보였고, 이미 많은 빌라를 알아보고 있었습니다. 그분들은 현장까지 다 다녀 왔기 때문에 더 이상의 정보는 필요하지 않았습니다. 마지막은 전문가의 확신이 필요해 보였습니다. 그분들의 선택이 최선이었다는 점을 알려주고 당장 가서 계약하라고 추천해 드렸지만, 아직도 무엇인가 부족한지 더 알아보는 것입니다. 결국, 그들이 마음에 들어 했던 빌라는 그다음 날 다른 사람에게 계약되고, 그 부부는 다시 다른 빌라를 알아보러 다니기 시작했습니다. L 씨 부부의 사례와 같이 부동산투자는 과감성이 중요합니다. 마음에 들었는데, 망설이다가 좋은 물건을 놓치는 경우를 많이 보았기 때문입니다.

내가 마음에 들었어도 과감하게 행동을 못 하는 이유는 자신감 부족일 수 있지만, 부동산 경험 부족 때문입니다. 개인적인 의견으로는 가용자금만 준비됐다면, 확신이 든 물건은 바로 구매하라고 권해드리고 싶습니다. 사람들이 투자를 망설이는 이유는 실패를 경험하기 싫기 때문입니다. 충분히 이해합니다. 하지만 부동산에서 100% 투자성공은 존재하지 않습니다. 오히려 많은 실패를 경험할수록 정확한 판단력이 생기고, 성공 확률이 높아지게 됩니다. 그러므로 처음에는 작은 투자부터 시작해야 합니다. 그리고 투자 크기를 차츰 늘려가다 보면 부동산투자자로서 실력이 키워지게 됩니다.

끝으로 잊지 않으셨으면 합니다. 내 눈에 좋아 보이는 것은 남의 눈에도 좋아 보인다는 사실입니다. 부동산 공부를 어느 정도 했다면, 자신감을 가지고 신속하게 투자를 하며 실력을 키워야 합니다.

서울대 가기보다 쉬운 내 아이 건물주 되기

9

자수성가 건물주의
투자 비법

"실수란 없다. 오직 기회들만 있을 뿐."

_티자 페이

부동산으로 성공하는 사람들의 공통점이 있습니다. 어려운 일이 와도 굉장히 무던하게 반응한다는 점입니다. 즉 어떤 일이 와도 일비일희하지 않는다는 것입니다. 제가 알게 된 건물주들은 힘든 일이 와도 크게 신경을 쓰지 않습니다. 돈이 들어가야 하는 일이라면 빨리 돈을 줘버리고, 어떻게 하면 내 물건의 수익을 더 극대화할지만 몰두합니다.

건물주 프로세스를 이야기할 때, 우리는 건물주라는 최종 목표 향해 나아가는 배를 탄 선장에 비유했습니다. 만약 내가 타고 있는 배가 작은 돛단배라면 큰 대서양을 가로질러 나갈 수 있을까요? 쉽지 않을 것입니다. 풍랑이 조금만 세게 휘몰아쳐도 여기저기에 휩쓸려 버릴 것이기 때문입니다. 하지만 내 배가 큰 항공모함이면 어떨까요? 작은 물결이 아무리 세차게 친다고 해도 전혀 신경 쓰지 않을 것입니다. 투자도 마찬가지입니다. 작은 일에 휩쓸려서 거기에 기뻐하거나 슬퍼한다는 것은 아직 나의 배가 돛단배 수준이라는 것입니다. 목표가 분명하면 목표에 도달할 생각에 집중해야지 중간 과정에 일어나는 일에 집중해서는 안 됩니다. 건물주가 되고 싶다면 건물주에게 맞는 통을 키우고 흔들림 없이 나가야 합니다.

1) 상식적인 부동산투자에 실패란 없다

투자를 하며 "100% 확신한다. 맞다."라는 말을 하는 사람이 있으면 항상 조심해야 합니다. 100% 사기꾼일 가능성이 있습니다. 투자의 결과는 신만이 아는 영역입니다. 부동산투자의 성공 확률은 내 노력으로 올릴 수가 있고, 어떤 투자 보다도 안정적인 투자라는 것은 자신 있게 말할 수 있습니다. 중요한 점은 성과를 거두어들이는데 일정 시기가 있다는 것입니다. 주식과 같이 하루아침에 확확 오르는 것이 아닙니다. 신규 분양 물건을 투자한다면 수개월에서 3년 정도는 기다려야 되고, 구 물건을 매매했다면 시장 상황에 맞는 기다림의 시간이 필요합니다. 내가 정확하게 판단했고, 입지 좋은 물건을 적정 금액에 맞춰서 구매했다면, 대부분의 부동산 가격은 상승하게 돼 있습니다.

그런데 "부동산투자에 실패했다."라고 말하는 분들이 있습니다. 이 실패라는 이야기는 잘못된 투자, 속칭 묻지마 투자, 비상식적인 투자를 했을 때 벌어지는 일입니다. 오른다는 말만 믿고 땅을 샀다가 맹지(쓸 수 없는 땅)를 샀다거나, 그린벨트로 묶인 지역에 투자했다거나, 레버리지의 한계치를 훨씬 더 초과하는 돌려막기식 갭투자를 했거나 등등 한 방을 노리거나 생각 없는 투자를 할 때 실패를 맛볼 수 있습니다.

상식적인 방법으로 부동산투자를 한다면, 절대 실패를 경험하지는 않습니다. 시간의 차이가 있을 뿐입니다. 목표가 시세차익이면 시세차익에 맞는 투자를 해야 하고, 수익형이면 수익형에 맞는 투자를 해야 합니다. 목표가 상반된 투자를 해놓고서 나중에 잘못됐다고 말하는 것은, 비상식적인 투자를 한 것입니다. 어떤 부동산 서적을 보아도 다 비슷한 이야기를 할 것입니다. 평범하게 목표를 잡고 소액의 투자를 하면 무조건 이익을 얻을 수 있는 것이 부동산 시장입니다. 말도 안 되는 목표를 잡고 달성 못 했다고 하는 것 역시 비상식적인 투자입니다. 가령, 오피스텔 한 채로 월세를 받으면서 여기서 나는 시세차익으로 건물을 사겠다고 하는 것이 비상식적인 투자입니다. 그래서 중요한 것이 투자에는 목표가 있어야 합니다. 최종 목표와 중간 목표 지점을 명확하게 잡고 부동산 공부와 투자를 해야 한다는 것을 강조합니다. 편하게 돈 벌려고 남에게 맡기거나 한 방 노리는 투기성 투자는 절대 하지 않기를 바랍니다. 그런 투자 방법으로는 성공하지도 못하고 투자 원금도 다 날릴 수 있습니다. 누구나 이해되는 상식적인 투자를 하세요. 그러면 무조건 성공하게 돼 있습니다.

2) 왕관의 무게를 견뎌라

조금 엉뚱한 이야기를 해보겠습니다. 실제로 왕들이 썼던 왕관의 무게를 아시나요? 옛 기록에 의하면 1~3kg 정도 됐다고 합니다. 금으로 돼 있고 화려한 장신구들이 달려 있으므로 가볍게 만들기는 쉽지 않았을 것입니다. 왕이 왕관을 쓰는 시간이 하루 중 공식 행사 자리에서만 썼다고 하더라도 수 시간을 머리에 얹고 있는 일은 쉽지 않았을 겁니다. 하지만 그 왕관이 무겁다고 벗어 던진 왕은 없을 겁니다. 아무리 왕관의 무게가 무거워노 그 왕관을 쓰기 위해 목숨 걸고 싸우기까지 합니다.

이 책을 통해서 내고 싶은 결론이기도 합니다. 건물주가 되고 싶은 자는 건물주 왕관의 무게를 견뎌내야 합니다. 기본적으로 왕의 혈통이 아닌 자가 왕이 되려면 어떻게 해야 할까요? 엄청난 고난에 맞서 싸워야 하고, 전쟁에서 그 위치를 차지해야 할 것입니다. 그 위치에 오르기 위해서는 부단한 노력이 필요합니다.

　건물주도 마찬가지입니다. 건물주를 통해 경제적 자유, 시간의 자유를 누리고 싶다면 평범한 사람의 마인드와 생각으로는 어렵습니다. 인내력도 있어야 하고 실행력도 있어야 합니다. 사람들은 너무 건물주라는 결과에만 집착해서 어떻게 건물주가 되는지 그 과정을 생각하지 않습니다. 아니, 생각하기 싫어합니다. 그래서 쉽게 포기하고, 나는 안된다고 결론을 내립니다. 절대로 조급하지 않았으면 합니다. 하루아침에 왕이 될 수 없듯이, 하루아침에 건물주가 될 수 없습니다. 내가 부자 혈통이 아닌 이상, 부자가 되기 위해서는 거기에 걸맞은 노력을 해야 합니다. 누구나 할 수 없어서 부자가 안 되는 것이 아니라, 누구나 하지 않기 때문에 부자가 되지 못한다고 생각합니다. 건물주 프로스세를 알고 이에 맞게 실행해 간다면 당신은 건물주가 될 수 있습니다.

— 10 —
부동산 매도의
3가지 기술

매수는 기술 매도는 예술.

_투자 명언

모든 투자가 그렇듯이 사는 것보다 파는 것이 더 중요합니다. 팔지 않으면 아무리 좋은 투자를 한다고 해도 나에게 돈이 되지 않습니다. 투자에서 가장 중요하다고 말하는 환금성도 판매에 달려있습니다.

자 그렇다면 생각해 봅시다. 어떻게 해야 부동산을 잘 팔 수 있을까요? 그냥 공인중개 사무소에 내놓으면 끝일까요? 물론 부동산에 내놓아서 판매하는 것이 맞습니다. 하지만 조금 더 가격을 잘 받고 잘 파는 방법이 있습니다. 저는 이것을 부동산 판매의 기술이라고 칭합니다.

서울대 가기보다 쉬운 내 아이 건물주 되기

1) 시기를 잘 타야 한다

부동산 매도 타이밍은 부동산 시장 분위기에 따라 달라집니다. 그리고 물건지 별로 팔아야 하는 타이밍과 시기도 다릅니다. 아파트와 같은 상품은 계속 고공행진이 이어지기 때문에 유명 전문가들 역시 언제 팔아야 할지 말하기가 어려워합니다. 현재 분위기 속에서는 아파트의 경우 팔아야 하는 시기가 따로 존재하지 않습니다. 굳이 팔아야 할 시기를 정한다고 하면, 더 오를 만한 좋은 물건으로 갈아타기 위한 계획이 있으면, 수익률을 잘 따져서 움직이기 바랍니다. 또 현재 가지고 있는 아파트의 세금을 감당하기 힘들다면, 수익형 부동산으로 갈아탈 가능성도 생각해 봐야 합니다. 실례로 A 씨의 경우 잠실 20억 원 아파트의 세금을 감당하기 힘들어서, 본인 사는 곳은 10억 원 전세로 바꾸고 나머지 10억 원을 다른 지역 아파트 월세로 돌려서 세금도 감당하고 시세차익도 분산투자한 사례가 있습니다. 수익형 투자를 잘만 활용하면 똘똘한 한 채 보다 더 낳은 부동산투자를 할 수도 있습니다.

수익형 부동산은 물건 종류와 투자전략에 따라 매도 시기가 달라집니다. 만약 시세차익과 월세를 동시에 노리는 전략을 세웠다면, 신축이나 분양을 받고 준공된 지 7년 이내 매도 계획을 세우기 바랍니다. 시세차익보다는 월세 목적으로 투자를 했다면, 매도의 시기가 그렇게 중요하지는 않습니다. 다만 구축은 신축의 공급으로 인해 공실 위험이 발생할 수 있으므로, 주변 개발 상황 및 공급 상황에 맞춰서 신규 건물 준공 이전에는 매도할 것을 추천합니다.

상가의 경우 수익이 잘 나오는 곳이라면 절대 팔 이유가 없습니다. 입지 좋고 장사가 잘되는 곳은 소문이 나면 부르는 것이 값이 되고 높은 권리금 제안을 받게 될 것입니다. 수익이 잘 나오는 상가는 팔기보다는 세입자와의 관계를 더 돈독히 하며 잘 운영될 수 있게끔 도와주는 것이 중요합니다. 다만 상가가 위치한 곳이 상권의 힘을 빌려서 움직이는 곳이라면, 상권의 판세를 잘 읽어야 합니다. 상가 운영에 문제는 없는데, 상권 전체가 무너지면 속수무책이기 때문입니다. 상가 경기와 매출 등을 파악하며 해당 상권 흐름을 항상 신경 쓰며 부동산 상가의 매도 기회를 생각해야 합니다.

또 내가 전세를 주고 있다면 전세 기간의 관점에서 부동산 매도 시기를 생각할 수도 있습니다. 전세 기간은 보통 2년으로, 전세 만료 전 5~6개월 사이가 매도하기 가장 좋은 시기라고 할 수 있습니다. 매수자로서는 새로운 세입자를 맞이하고 싶어 하므로, 이 시기는 매도 황금 타이밍입니다. 근래 이 타이밍이 중요해졌습니다. 전월세 상한제 및 계약갱신 청구권으로 전세가 2년에서 4년으로 늘어났기 때문입니다. 4년에 한 번 오는 황금 타이밍이기 때문에, 내 물건에 전세세입자가 있다면, 이 매도 적기를 꼭 잡기 바랍니다.

세금 관점에서 매도 시기를 이야기한다면, 6월 이전에 파는 것이 유리합니다. 매년 6월은 종부세와 재산세 납부 기준일이 됩니다. 그래서 6월 이후 등기상 주인이 누구냐에 따라 내는 세금의 주체가 달라집니다. 다주택자의 경우 내야 하는 세금이 부담이 크기 때문에, 만약 부동산 정리 계획이 있다면, 6월 전에 매도하는 것이 유리합니다.

2) 매수할 때부터 매도를 생각해야 한다

조금은 역설적으로 들릴 수 있지만, 매수 시점부터 매도를 계획하고 매수를 해야 합니다. 매도 시점을 어느정도 예측 가능한 방법이 있습니다. 매수를 할 때 내가 매도를 언제 할지 계획을 세울 수 있다면, 훨씬 수월한 투자를 할 수 있습니다.

첫번째 부동산 순환율을 고려합니다. 순환율은 인터넷 부동산 사이트를 보면 1주일 동안 얼마나 목적한 부동산 물건이 빨리 나가는지 알 수 있습니다. 네이버 부동산 사이트와 같은 사이트에 들어가서 올라온 매물을 주 단위로 체크해 보기 바랍니다. 그러면 대략적으로 물건이 빠져나가는 기간 즉 부동산 순환율을 알 수 있습니다. 더 정확하게 알기를 원한다면 공인중개사에게 연락을 해서 특정 몇몇 호수를 찍고 나가는 속도를 물어보면 정확하게 순환율을 파악할 수 있습니다. (공실율을 체크할 때도 동일한 방법을 사용하면 됩니다.) 향후 내가 매도를 할 때도 큰 변수가 없다면 비슷한 속도로 팔릴 수 있기 때문에 이 순환율로 내 물건의 매도 속도를 예측해 볼 수 있습니다.

두번째 시세차익형과 수익형을 구분해서 생각합니다. 아파트와 같은 시세차익형은 매도 시기만 맞으면 잘 나갑니다. 하지만 수익형은 매수자들이 많이 몰리지 않습니다. 그래서 매도를 단 기간 이내에 하기 어려운 경향이 있습니다. 수익형을 매도한다고 하면 1년 중 매도 시기를 잘 파악하고, 주변 호재가 생겨서 매수자들이 몰리는 타이밍을 잘 노려야 합니다. 수익형의 매도는 큰 그림을 잡고 움직여야 하기 때문에 그에 들어가는 제반 비용, 수익을 정확하게 계산하고 움직이기 바랍니다.

세번째 매도가 되고 나서 새로운 매수를 합니다. 보통 집 테크라고 해서 내가 거주하는 집 한 채를 옮겨타는 재테크를 많이들 합니다. 문제는 내 집이 팔리지도 않았는데 새로운 집을 먼저 구매하는 분들이 있습니다. 만약 내 집이 팔리지 않는다면, 계약금 날리고 이런저런 손해를 보게 됩니다. 내가 구입하는 부동산에 들어가는 비용을 감당할 수 있을 때 신규 부동산을 구매해야 합니다. 수익형 부동산같이 소액이 들어갈 경우는 타 내출을 이용해서라도 버틸 수 있지만, 시세차익형 부동산의 경우는 목돈이 들어가기 때문에, 변수가 발생하면 큰 낭패를 볼 수 있습니다. 집 테크를 하는 경우, 매도 후 매수하는 계획을 세우기 바랍니다.

3) 조금 더 수월한 매도를 하기 위해서

내가 괜찮은 물건을 투자했고, 시기와 타이밍을 잘 맞추었다면 부동산 매도는 큰 문제는 없을 것입니다. 그래도 조금 더 수월한 매도를 하기 위해 개인적으로 노력해볼 만한 것들이 있습니다. 먼저는 차별화 전략입니다. 내가 가진 부동산 물건이 다른 물건보다 매수자에게 눈에 더 잘 띄게 만드는 것입니다. 똑같은 빌라를 판다고 가정했을 때 내부 인테리어가 최신식이거나, 화장실이 리모델링이 돼 있다면 무조건 먼저 나가게 돼 있습니다. 만약 고칠 곳이 없다면, 추가 옵션(오븐, 소파)이나 작은 소품 커피머신, 매트)으로 매수자의 눈길을 끌 수 있습니다.

다음으로는 공인중개사와의 관계입니다. 보통 매도자들은 전화로만 해당 물건을 내놓는 경우가 대부분입니다. 하지만 공인중개사도 사람이기 때문에 직접 얼굴 보고 찾아온 사람에게 더 신경을 쓰게 돼 있습니다. 더구나 소정의 선물까지 준다면 내 물건에 더 집중해줄 수밖에 없습니다. 그리고 한 명의 공인중개사에게만 내놓을 것이 아니라, 많은 공인중개사에게 동시에 물건을 내놓으세요. 무조건 다다익선입니다. 많은 공인중개사에게 많이 어필할수록 내 물건이 빨리 나갈 확률이 매우 높습니다. 제가 아는 지인 H 씨는 부동산 초보자로서 매우 좋지 않은 부동산을 산 경험이 있습니다. 그는 이 물건을 팔기 위해 수십 군데 부동산에 부탁하고 한 달 동안 매일 찾아갈 계획을 세웠다고 합니다. 다행히 물건은 1주일 만에 나갔고, 그 이후 H 씨는 부동산 매수할 때는 항상 매도를 신경 씁니다.

11

부자도 잘 모르면
손 대지 않는다

자신은 위험을 무릅쓰고 하지 않을 행동을
충동질하는 이를 조심하라.

_호아키 세탄티

저는 부동산을 알기 위해서 부동산투자부터 시작해서 부동산 영업, 분양, 컨설팅 업무 모두를 경험해 보았습니다. 부동산 분야는 모든 경제 분야에서 가장 큰돈이 도는 곳입니다. 생각 이상의 돈이 돌고, 이 돈 때문에 많은 일이 일어나는 곳임을 알게 됐습니다. 투자자는 어디까지나 시중에 나온 물건을 거래할 뿐, 시중에 나오기 전 어떻게 가격이 형성이 돼서 어떤 식으로 고객에게 판매가 되는지 알기가 쉽지 않습니다. 현재는 시행·분양·공인중개사 비하인드를 다룬 서적이 많이 나와 있으므로 조금만 관심을 기울이면 누구나 쉽게 부동산 업계 현황을 알 수 있습니다. 하지만 책에서도 나오지 않는 내용이 많습니다. 그래서 이번 장에서는 투자자로서 조심해야 하는 부동산 물건에 대해 알려드리려고 합니다. 업계의 모든 스토리를 이야기할 수는 없지만, 잘 알고 들어가지 않으면 십중팔구 돈이 묶일 수밖에 없는 부동산 물건에 관해 이야기하려고 합니다. 친인척이든 아주 가까운 친구든 해당 부동산 물건 권유 시, 정중하게 거절하기 바랍니다.

1) 지역주택조합 아파트, 조심해야 할 점

지역주택조합에 대해서 들어본 적 있나요? 지역주택조합 아파트 취지는 매우 좋은 것입니다. 지역주택조합은 일정 기간 해당 지역에 거주한 무주택자나 전용면적 85㎡ 이하 1주택자가 모여 조합을 설립하고 사업 대상지의 토지를 확보해 아파트 건설을 추진하는 사업입니다. 청약통장도 필요 없고, 계약금만 있으면 누구나 분양을 받을 자격이 주어집니다. 더구나 분양가도 저렴합니다. 일정 금액의 조합 가입비만 내면 누구나 지역수택조합원이 될 수 있고, 매우 저렴한 금액으로 신축 아파트를 구매할 수 있습니다. 이런 조건만 놓고 보면 지역주택조합은 매우 매력적인 상품입니다. 하지만 세상에서 매력적인 상품을 만나게 되면 조심해야 합니다. 서울시가 지역주택조합 현황을 조사한 결과 지역주택조합 사업의 착공률은 5% 정도밖에 되지 않습니다.

지역주택조합의 성격을 보면 앞에서 이야기한 정비 사업과 유사한 점이 매우 많습니다. 하지만 지자체에서 주도하는 것이 아니고 자체 조합을 설립해서 진행하는 사업이기 때문에 제대로 진행할 확률이 매우 낮습니다. 지역주택조합 진행이 어려운 가장 큰 이유는 땅을 미리 확보하고 진행되는 사업이 아닙니다. 시공되기 위해서는 전체 토지의 95% 이상 확보돼야만 합니다. 지역주택조합원 모집은 토지의 50% 이상만 확보되면 가능하므로 실제 시공까지 오랜 시간이 걸릴 수 있습니다. 한 특정 지역주택조합 아파트는 80%까지 토지가 매입됐지만, 수년 동안 95% 기준을 통과하지 못해서 결국 사업이 무산됐습니다. 시공을 진행할 수 없었습니다.

지역주택조합을 진행하는 측에서는 다양한 방법으로 홍보를 합니다. 대형 건설사가 들어올 예정으로 믿고 가도 된다거나 토지 매입률을 부풀려서 이야기하기도 합니다. 대형 건설사의 시공은 중요한 사항이 아닙니다. 보통 대형 건설사들은 땅에 상관없이 수주 의뢰 대부분을 받아 줍니다. 지역주택조합 진행하는 측에서는 유명 시공사의 이름을 빌려서 신뢰성을 확보하는 전략을 사용합니다. 하지만 유명 건설사들이 지역주택조합의 사업성까지 보장하지는 않습니다. 게다가 토지가 거의 다 매입됐다는 식의 홍보를 하면서 90% 이상 됐다, 곧 될 예정이라는 식의 이야기를 합니다. 다 의미 없습니다. 94%가 돼도 나머지 1% 때문에 사업 진행은 수년이 걸릴 수 있습니다.

모든 지역주택조합이 안 좋다는 것은 아닙니다. 사업만 시행되면 조합원 모두에게 큰 이익을 얻을 수 있습니다. 하지만 시행이 시작돼도 변수가 많고 비용이 생각 이상으로 많이 들어갑니다. 그리고 앞서서 지역주택조합이 시작될 확률이 5%에 불가합니다. 내가 그 5%에 들어가지 못하면 내 돈과 시간이 오랜 기간 묶이게 되고, 그에 따른 상당한 스트레스 역시 감당해야 합니다. 만약 중도 탈퇴 시 조합 가입비조차 환급이 안 되기 때문에 주의해야 합니다.

그뿐만 아니라 지역주택조합을 이용해서 사기를 치는 경우도 상당히 많습니다. 인터넷에만 쳐봐도 사기 피해에 연루된 지역주택조합이 쉽게 볼 수 있습니다. 그러므로 절대주의를 기울이기 바랍니다. 누군가 지역주택조합에 대해 권하는 이야기를 한다면 한 귀로 듣고 한 귀로 흘리기 바랍니다. 그만큼 사업 성공률이 낮고 쉽지 않은 투자이기 때문입니다.

2) 기획 부동산이란 무엇인가

기획 부동산은 허위 광고나 과장 광고를 통해서 부동산을 팔고 부당 이득을 취하는 회사들을 말합니다. 기획 부동산은 주로 개발 호재가 많은 지역 주변 땅을 홍보하면서 가격이 오를 수 있는 점을 많이 강조합니다. 기획 부동산의 관리자층은 사실 개발 가능성이 낮은 땅을 저렴하게 사들여서 직원들에게 팔게 합니다. 그 땅 전체를 팔게 하기도 하고 지분으로 쪼개서 판매하기도 합니다. 땅을 파는 것 자체가 문제가 되는 것은 아닙니다. 하지만 과장 광고, 허위 광고는 사기입니다. 그리고 지분 쪼개기로 판매를 하면 전체의 동의가 없으면 개개인은 개별로 땅을 팔고 싶어도 팔 수가 없습니다. 개인 한 명이 통으로 사지 않는다면 내 돈은 영원히 묶이게 된다는 것입니다. 이런 땅을 누가 사나 싶기는 하지만, 현란한 광고와 혹하는 부동산투자 기법에 셈에 밝지 않은 사람들은 묻지마 투자를 하기 쉽습니다. 더구나 해당 토지에 신도시 계획이 있다는 둥, 주변 잘된 곳에서 멀지 않기 때문에 동반 상승할 것이라는 둥, 기다리면 수익률 1000%라는 말이 기획 부동산에서 사용되는 주요 수단입니다.

기획 부동산을 추천하는 사람들은 회사 영업사원일 수도 있지만, 어떤 경우는 매우 가까운 지인이 권할 수도 있습니다. "나도 했으니까 너도 해."라는 영업 심리 기법이 있습니다. 친구가 물건 사려고 백화점 갔다가 덩달아 비슷한 물건을 사본 경험이 누구나 있을 것입니다. 이 것은 인간의 기본 심리입니다. 중요한 점은 기획 부동산에서도 이런 심리를 매우 잘 이용한다는 것입니다. 지인이기 때문에 덜컥 믿고 샀다가 큰 낭패를 보기 쉽습니다. 만약 투자한 물건이 땅이 아니라 다른 부동산 물건이라면 언젠가 팔 수 있으므로 그렇게 큰일은 아닙니다. 하지만 땅은 국가 정책에 의해 묶이거나, 개발이 안 되는 땅을 샀다면 영원히 팔지 못하는 경우가 생깁니다. 땅 투자가 안 좋다는 이야기가 아닙니다. 기획 부동산을 통한 땅 투자를 조심해야 한다는 이야기를 하는 것입니다. 만약 땅 투자에 관심 있는 분이라면, 본인이 직접 임장을 하고 가치평가를 해서 투자하기 바랍니다. 정확하게 알고 투자하면 땅은 수익률이 매우 높은 투자 물건입니다. 하지만 묻지마 투자, 기획 부동산투자가 제시하는 땅은 무조건 거절하기 바랍니다.

3) 기타 부동산 주의보 및 예방법

위에서 말한 것 외에도 이중계약이나 전세 사기 등등 부동산투자 시 주의해야 할 사항들이 있습니다. 이를 다 말하고자 한다면 책 한 권으로는 부족하지 않을까 싶습니다. 이런 것들을 예방하고 싶다면 기본에 충실 하라고 이야기하고 싶습니다. 투자자로서 봐야 하는 최소한 것들 계약서, 등기부 등본, 대출 관계 등 기본적인 사항만 잘 봐도 이런 사기에 연루되지 않습니다. 그리고 투자에 임할 때는 임장은 기본이고 주변 공인중개사로부터 정보 습득, 타 부동산과의 수익률 비교 등 기본적인 사항을 실행해야 합니다.

　부동산의 전문가와 사기꾼은 종이 한 장 차이라고 이야기합니다. 자신에게 부동산을 안내한 사람의 이야기가 맞으면 전문가이고 틀리면 사기꾼이라고 말하게 됩니다. 하지만 이를 안내하는 사람 역시 사람이기 때문에 100% 미래를 맞출 수는 없습니다. 누가 와서 어떤 이야기를 하든 완벽한 투자 계획이란 있을 수 없습니다. 나에게 소개하는 사람들의 말을 참고만 할 뿐 자신만의 투자 포트폴리오를 계획할 줄 알아야 합니다. 투자는 본인이 하는 것이고 그에 따른 책임은 등기 명의자 본인이 하게 되는 것입니다. 그러므로 누군가를 탓하거나 의존하기 전에 투자자로서 정확하게 따져 보고 투자를 하기 바랍니다.

PART 6

당신의 자녀에게
무엇을 물려줄 것인가

나의 목표인 건물주,
그리고 왜 건물주가 돼야 하는지
그 이유를 알고 항상 상기하기 바랍니다.

긴 글을 읽고 마지막 장에 도달했습니다. 저는 이 책을 덮기 전 제일 중요한 이야기를 적었습니다. 앞의 내용 다 잊어버린다고 해도 마지막 장 내용만은 절대 잊어버리면 안 됩니다. 이번 장의 내용을 기억하기만 해도 당신은 건물주가 될 수 있습니다. 부동산의 어떤 투자 방식도 테크닉도 한낱 기교에 불과합니다. 그리고 어떤 부동산투자 방법이든 착실하게 실행만 하면 누구나 돈을 벌 수 있습니다. 그것을 직접 하는 주체는 당신입니다.

유명 부동산 전문가, 투자 전문가 모두가 똑같이 하는 이야기가 있습니다. 부동산투자에 있어서 가장 중요한 것은 마인드입니다. 나는 어떻게 해서든 건물주가 되겠다는 마인드만 있으면 건물주가 되는 것입니다. 건물주가 되고 내 자녀를 건물주로 만들기 위해서 부모인 나부터 정확하게 알고 시작하는 마음을 다져야 합니다.

이제부터 가장 중요한 이야기를 시작합니다.

1
부자들도 '부자' 되기 위해
마음먹는다

1) 암호를 바꾸면 마음도 바뀐다

인간 본성상 아무리 굳은 결심을 해도 그 결심은 시간이 지나면 점차 약해지기 마련입니다. 작심삼일이라는 말이 괜히 나온 것이 아닙니다. 의지가 아무리 강한 사람이라도 동기를 계속 되뇌며 생각하지 않으면, 목표는 머릿속에서 사라지고 자신 본연의 일상으로 돌아가게 돼 있습니다. 이런 의지를 강하게 만들기 위해서는 내 목표를 명확하게 해야 하고 끊임없이 생각해야 합니다.

우리의 최종 목표가 무엇입니까? 건물주가 되는 것입니다. 이 책에서 말하는 건물주는 경제적 자유와 시간의 자유를 완벽하게 누리는 사람을 말합니다. 추상적으로 말하지 않았습니다. 100억 원 이상의 가치가 있는 건물의 소유주가 되는 것입니다. 이 정도 규모를 가진 건물을 가진 사람은 자신이 노력하지 않아도 거기서 벌어들이는 소득만으로, 내가 원하는 것을 눈치 보지 않으면서 살 수 있습니다. 이런 단계가 부럽지 않습니까? 되고 싶지 않습니까? 내가 정말 간절히 원한다면 이루어질 수 있습니다. 건물주는 나이와 상관없고 내가 가진 재력과 위치와도 상관없습니다. 내가 생각하고 그 목표를 잊지 않고 노력할 때 이루어질 수 있습니다. 자수성가형 건물주들 모두 똑같았다 사실을 잊지 않았으면 합니다.

나의 목표인 건물주, 그리고 왜 건물주가 돼야 하는지 그 이유를 알고 항상 상기하기 바랍니다. 만약 잊어버릴 것 같다면 내가 항상 갖고 다니는 물건에 적어 놓고 반복적으로 보면서 계속 생각하기 바랍니다. 앞에서 김승호 회장님의 100일 100번 적기에 관해서 이야기를 해드렸습니다. 이 방법도 좋지만, 일상생활에 지속해서 상기하는 방법을 알려드리겠습니다. 평소 자주 들어가는 웹사이트 암호를 목표 문구로 바꾸는 것입니다. 가령 100억 원 건물주가 목표라고 하면 \108bdgownr 같이 만들 수 있습니다. '0'이 8개가 들어가니 100억입니다. 그리고 bdg은 building, ownr은 owner의 약자입니다. 매일 쳐야 하는 암호가 내 목표라면 계속 생각하게 될 것입니다.

항상 잊지 않게 내 인생 목표인 건물주를 적어 두기 바랍니다. 그리고 항상 기억하세요. 그러면 내 생활의 일부가 되고 내가 생각한 대로 내 인생이 흘러가게 돼 있습니다.

2) 정말 가난에서 벗어나고 싶은가?

가끔 부동산투자자 중에서 매우 빠른 속도로 돈을 버는 사람들을 보게 되는 경우가 있습니다. 이런 분들은 보통 과거에 가난을 경험한 분들입니다. 부동산으로 부를 이룬 분들의 이야기를 들어보면 보통 사람들은 상상도 못 할 가난을 경험한 경우가 많습니다. 가난을 경험한 사람들은 끔찍할 정도로 가난을 싫어합니다. 그래서 악착같이 돈을 모으고 악착같이 부동산투자를 합니다. 그러면 부동산 부자 되는 속도가 말도 안 되게 빨라지고 20대, 30대에 남들이 상상할 수 없는 부자가 되는 것을 목격하곤 합니다. 그분들은 다 똑같이 하는 이야기가 있습니다. "가난이 싫었습니다. 그리고 몸빵(몸테크)하니 다 되네요."라고 말입니다. 가난을 싫어한 사람들은 돈을 벌어야겠다는 절실함이 보통 사람과는 다릅니다. 가난을 경험한 사람들은 일반 사람보다 배움이 짧은 경우가 많고, 지식수준이 낮은 경우가 많습니다. 하지만 간절한 만큼은 최고입니다. 부동산은 누구에게나 공평합니다. 머리가 좋은 사람들이 투자에 성공하는 것이 아니라는 것입니다. 간절한 사람이 부동산으로 돈을 벌 확률이 높고, 그 돈을 계속해서 불려 나간 사람이 결국에는 건물주가 되는 것입니다. 만약 평범한 사람들이 부동산으로 돈을 못 버는 것은 간절함이 부족하기 때문입니다. 절대 돈이 없어서, 지식이 부족해서, 시간이 없어서 부동산으로 성공을 못 하는 것이 아닙니다. 내 의지가 중요하고 무조건 건물주가 되겠다는 간절함의 차이가 건물주가 되고 안 되고를 결정하는 것입니다. 서울대 들어갈 확률은 0.5%이고 대기업에 들어갈 확률은 0.3%에 불과하다고 합니다. 건물주가 될 확률은 5,000만 인구 중 아파트 동수 제외 500만 개로 계산 시 약 10% 정도 됩니다. 어림잡아 계산한 것이니 정확한 수치는 아닙니다. 하지만 대충 계산해도 건물주가 되는 것이 서울대 들어가거나 대기업 가는 그것보다는 훨씬 쉬워 보입니다. 그 말인즉슨 공부하는 것보다 돈 버는 것이 더 쉽다는 결론을 내릴 수 있습니다. 건물주가 되는 일은 공부하는 것보다 더 쉬운 일입니다. 일평생 노예로 살지 않고, 가난하게 살 수 있지 않다면, 인생에서 한 번쯤 굳은 결심하고 건물주가 되는 길로 도전해 봐야 하지 않을까요?

3) 똑같은 실수를 저지르고 있지는 않은가?

　나에게 목표가 없고 남들과 똑같은 인생을 산다면 그 결과는 어떻게 될까요? 주 5일 근무를 마치고 휴일에 자녀와 시간을 보내고, 다시 직장에 돌아와서 눈치 보며 살게 되고, 월급날을 기다리며, 다음 달 카드빚에 쫓겨 생활하고, 그나마 한다는 재테크 주식 몇 군데 투자한 것으로 몇십만 원 번 것에 기뻐하고 몇십만 원 잃은 것에 분노하고, 퇴근후 소주 한잔 기울이며 회사 상사 욕하고, 자녀 학원비에 대느라 나는 먹고 싶은 거 입고 싶은 거 참아야 하고, 그나마 청약통장 하나만 바라보며 당첨되기를 학수고대하고, 주말마다 로또 한 장 사며 언젠가 대박 터트릴 것을 기대하고, 그렇게 시간이 흘러 1달이 지나고 1년이 지나고, 항상 똑같지 않나요? 20대 30대까지는 다들 바쁘게 스펙터클하게 살아옵니다. 하지만 직장에 들어가는 순간 똑같은 인생을 살게됩니다. 가정주부도 마찬가집니다. 회사에 다니는 사람보다 가정주부가 훨씬 더 힘듭니다. 주말도 없고 회식도 없고 재테크 최대의 적인 자녀에게 지극 정성을 쏟아야 하니 말입니다. 사실 자녀는 재무적으로 말하면 항상 밑 빠진 독에 물 붓기입니다. 잘해줘도 끝이 없고 나에게 돌아오는 이득은 절대 기대할 수 없습니다. 모든 사람이 다 똑같고 다 그런 인생을 살아갑니다. 열심히 안 사는 것이 아닙니다. 다 열심히 삽니다. 그런데 결과는 왜 우리는 힘들게만 살고 돈에 허덕이면서 살까요?

언제까지 그렇게 살아가야 하나요? 그런 인생의 굴레를 한 번쯤은 끊어야 하지 않을까요? 위의 이야기에 공감이 되셨다면, 늦지 않았습니다. 결국, 당신도 할 수 있습니다. 한 번에 건물주가 되라고 말하는 것이 아닙니다. 무리한 투자를 이야기하는 것도 아닙니다. 누구나 할 수 있는 계획대로 천천히 하면 됩니다. 내 업을 바꾸는 것도 아닙니다. 부동산투자는 본업을 하면서 같이 할 수 있는 아주 매력적인 사업입니다.

당신이 살던 인생을 똑같이 살되, 목표와 계획만 가지세요. 그리고 내 삶 전체 중 일부 시간만 투자하면 됩니다. 그리고 시간이 지났을 때 확연하게 다른 인생을 살게 됨을 확신하게 될 것입니다.

서울대 가기보다 쉬운 내 아이 건물주 되기

2
건물주들이 만든
건물주 되기 프로세스

치밀하고 합리적인 계획은 성공하지만
어떤 느낌이나 불쑥 떠오른 생각에 의한 행동은 실패하는 경우가 많다.
큰 목표일수록 잘게 썰어라.

_ 이도도어 루빈

이 책에서 반드시 알고 갈 것이 있습니다. 그것은 '건물주 프로세스'
입니다. 건물주 프로세스는 전무후무한 프로세스로 이전에 들어본 적
이 없을 것입니다. 그럴 수밖에 없습니다. 제가 수많은 부동산투자자,
전문가, 건물주들을 만나고 나서 만든 프로세스이기 때문입니다. 건
물주가 될 수 있는 가장 합리적이고 효율적인 프로세스입니다. 많은
부동산투자자가 "얼마를 벌 거야."라는 목표는 세웁니다. 하지만 궁
극적인 목표가 없습니다. 단순히 더 좋은 집으로 이사 가면 된다. 강
남 아파트만 살면 된다. 이런 식으로 목표를 세웁니다. 그러나 부동산

의 궁극적인 목표가 없습니다. 이런 목표가 없이 부동산투자를 하게 되면 개인의 소소한 목표도 이루기 어렵습니다. "건물주가 된다."라는 목표를 세워야 하고 그 목표에 맞게 나의 로드맵을 설정해야 최종 목표에 달성해야 합니다. 남들에게 꿈만 같은 이야기일지 모르겠지만, 목표가 있고 계획이 있으면 절대로 꿈이 아닙니다. 달성할 수 있는 목표가 되는 것입니다. 부동산투자를 오래 해본 사람이라면 이 프로세스를 보는 순간 바로 감이 옵니다. 그리고 실행할 수 있다는 확신이 들 수 있습니다.

다시 한번 7단계 프로세스를 보겠습니다.

1단계 건물주가 되기로 마음먹는다

2단계 학교에서 가르쳐 주지 않는 경제와 부동산 지식

3단계 종잣돈 모으기

4단계 소액투자로 파이프라인 구축하기

5단계 스노볼 효과를 통한 부 축적

6단계 꼬마빌딩의 주인부터

7단계 건물주 돼서 경제적 자유 얻기

위 프로세스를 실천하기로 했다면 당신은 현재 어느 단계에 있습니까? 위 프로세스는 순차적으로 진행할 수도 있지만, 여러 단계를 동시에 진행할 수도 있습니다. 프로세스를 진행하다 보면 보통 부모는 4단계에서 머물고 자녀는 2단계에서 머무는 경우가 많습니다. 자녀야 어느 정도의 시간이 걸리는 것은 당연하지만, 부모인 당신은 과감성이 부족해서 4단계에 머무는 경우가 많을 것입니다. "자신이 없어서~" "확신이 없어서~" 등 여러 핑계를 말하면서 부동산투자에 첫발을 떼지 못합니다. 정말 잘될 만한 물건을 소개해준다고 하더라도 투자를 못 하는 경우를 많이 보았습니다. 이것은 1단계와 2단계의 준비가 안된 것입니다. 확신이 없다는 것은 공부가 덜 됐다는 것을 말합니다. 경제 공부와 부동산 공부가 잘됐다면, 투자를 망설이지 않게 됩니다. 사람 성향에 따라 투자 시기는 다 다르지만, 내가 정말 건물주가 되겠다는 간절함과 현대판 노예로 더 살지 않겠다는 결심이 있다면, 부동산 투자를 더 망설이지는 않습니다.

앞에서도 여러 차례 이야기했지만, 정말 잊지 말아야 할 것은 부동산은 공부하는 학문이 아닙니다. 부동산은 물건이고 사고파는 대상입니다. 이를 샀다가 팔았을 때 돈을 버는 것이기 때문에, 내가 사업을 시작한다고 생각하면 됩니다. 사업은 어떻게 하는 것인가요? 머리로 하는 것인가요? 아닙니다. 준비가 끝나면 발로 뛰고 몸으로 하는 것입니다. 그러므로 움직여야 하고 실천을 해야 합니다.

자녀를 위한 전략도 이미 앞에서 다 이야기했습니다. 잘 기억이 나지 않는다면 앞 장을 다시 보기 바랍니다. 자녀에게 알려줄 때 중간 목적과 관련해서 중요한 사항을 다시 알려드리겠습니다.

건물주 프로세스 7단계의 가장 중요한 중간 목적은 3가지로 압축할 수 있습니다.

첫 번째, 무엇을 공부해야 하는지 아는 것입니다. 세상을 살면서 우리는 공부해야 합니다. 그래야 돈을 벌 수 있고, 더 나은 생활을 할 수 있습니다. 그래서 많은 공부를 합니다. 하지만 정말 중요한 공부가 무엇인지 모르고 그냥 세상에서 중요하다는 공부만 합니다. 학교 공부를 열심히 하고 취업을 하기 위한 공부를 열심히 하고, 직장에서 승진을 위한 공부를 열심히 합니다. 문제는 그런 공부의 정점을 찍어도 나는 더 열심히 살아야 하는 길을 갈 뿐이지, 부자가 돼서 여유 있는 삶을 살지 못한다는 점입니다. 그런데 이상한 일이 생깁니다. 열심히 공부하지 않았던 사람들이 갑자기 부자가 돼서 여유 있는 인생을 살게 됩니다. 내가 학창시절 인정할 수 없었던 친구들이 어느 순간 내 위에 와서 사장이 되고 여유 있게 사는 삶을 보여줍니다. 그 순간 내가 살아온 구조가 잘못됐다는 것을 알게 됩니다. 그런데 어떻게 바꿔 나가야 하는지 알지 못합니다.

만약 내가 정말 중요한 공부가 무엇인지 알았다면, 사회가 열심히 시키는 공부를 하지 않았을 것입니다. 그렇다면 지금부터라도 중요한 공부를 해야 하지 않을까요? 이 공부를 해야 하는 시점에 늦은 것은 없습니다. 이런 공부가 있고 이것을 하겠다는 마음먹는 것만으로도 당신은 부자가 되는 길에 접어드는 것이니까요. 이 공부는 부모 자녀 다 같이 해야 합니다. 어릴수록 더 철저히, 그리고 책을 보고 혼자 공부를 할 수 있는 나이가 될수록 더 정확하게 알려주어야 합니다. 그리고 부모는 참된 경제 공부를 기반으로 가정이 나아가는 방향의 초점을 바꿔야 합니다.

첫 번째 단계만으로도 세상을 보는 눈이 달라지고 인생의 방향이 달라집니다. 그러므로 제대로 된 공부 그리고 정말 중요한 공부가 무엇인지 아는 것이 매우 중요합니다. 학교에서 알려주지도 않고, 나라에서 알려주기 싫어하는 내용입니다. 사람들이 자각하고 생각이 깨어나기 시작한 순간, 국가가 원하는 대로 사람들을 부릴 수가 없습니다. 참된 공부에 눈을 뜨고, 그 내용을 익히기 바랍니다.

두 번째, 돈을 어떻게 벌어야 하는지 아는 것입니다. 부모는 이미 경제활동을 하고 있으므로 돈 버는 부분에 대해서 무신경해질 수 있습니다. 하지만 돈을 이미 벌고 있는 사람들일수록 가장 이 부분에 가장 신경 써야 합니다. 돈을 어떻게 벌고 있나요? 내 노동과 시간을 맞바꾸어서 돈을 벌고 있지 않나요? 그리고 이것밖에 모르고 있지 않나요? 시간과 노동에 상관없이 돈 버는 방법에 대해서 생각해 볼 수는 없나요? 이 방법에 대해서 아는 것부터 가 시작입니다. 내가 자는 사이에서도 나에게 돈을 벌어다 주는 구조를 만들어야 합니다. 적은 돈 있어도 상관없습니다. 무조건 만들어야 합니다. 이게 익숙해져야 부동산으로 돈 버는 구조에 익숙해지고 돈을 버는 속도가 빨라지게 됩니다. 이런 점은 자녀가 부모보다 더 빠르게 적응할 수 있습니다. 자녀들에게는 돈 버는 방법에 있어서 편견이 없으므로, 이런 사실을 알려만 줘도 훨씬 더 쉽게 적응할 수 있습니다. 돈이 돈을 버는 방법은 인터넷 사용에 익숙할수록 훨씬 더 빠르게 접근할 수 있습니다. 노동을 들여야만 돈을 벌 수 있다는 생각에서 빨리 탈출해야 합니다. 자는 동안에도 나에게 돈을 벌어 다 주는 파이프라인 구조를 만들어 내야 합니다. 그런 식의 돈 버는 구조에 익숙해지면서, 노동하지 않아도 살 수 있다는 점을 점점 알아야 합니다. 이 방법에 익숙해지고 내 삶의 많은 부분을 차지할수록 현대판 노예에서 자유 시민으로 점점 바뀌 나가는 인생을 살아가게 됩니다.

세 번째 돈을 어떻게 쓰는지를 아는 것입니다. 중요한 공부가 무엇인시도 알게 되고 돈을 어떻게 버는지도 알게 됐습니다. 그리고 점점 더 많은 돈을 벌게 될 것입니다. 중요한 것은 아직 나는 완벽하게 경제적 자유를 누리는 단계는 아니라는 것입니다. 파이프라인 구조를 아무리 만들어도 절대적으로 안정화된 파이프라인 구조가 만들어지지 않는다면, 나는 계속 새로운 파이프라인을 만들어야 하고 고민해야 하고 노력해야 합니다. 그러면 파이프라인 만드는 일은 새로운 노동이 되고, 어려움이 됩니다. 이런 어려움을 없애기 위해 건물주가 돼야 한다는 것입니다. 내가 100억 원을 벌었어도, 지출해 버린다면 금방 다 써버리게 되고 나는 다시 노동해야 합니다. 하지만 100억 원이라는 돈을 부동산에 묶어 놓는다면 가장 확실한 파이프라인의 마지막 단계를 만들게 됩니다. 이 단계가 됐을 때, 어떤 것이든 구매할 수 있고, 큰 규모로 사회에 기여를 할 수 있습니다. 이런 건물주가 되기 위해서 제대로 된 공부를 해야 하고, 파이프라인을 구축하는 것이고, 부동산을 투자하는 것입니다.

프로세스의 중간 목표이자 최종 목표 그리고 그것을 하는 방법을 이야기했습니다. 설레지 않으시나요? 내가 마지막 건물주 단계에 이르렀을 때 변화되는 모습을 상상만 해도 기대가 되고, 완전히 다른 모습과 인생으로 살아갈 수 있다는 희망이 생겨납니다. 절대 어렵지 않습니다. 평범한 사람이 할 수 있고 누구든 할 수 있는 것입니다.

3
내 아이 건물주 만들려면
가장 먼저 해야 할 일

똑같이 출발하였였는데 세월이 지난 뒤에 보면
어떤 이는 뛰어나고 어떤 이는 낙오돼 있다.
이 두 사람의 거리는 좀처럼 가까워질 수 없게 됐다.
그것은 하루하루 주어진 시간을 얼마나 잘 활용했느냐에 달려있다.

_벤자민 프랭클린

1) 이 책은 사실 부모를 위한 책이다

자녀가 바로 건물주가 되기는 어렵고 시간도 걸릴 수밖에 없습니다. 하지만 부모인 당신은 다릅니다. 프로세스를 깨닫기만 해도, 건물주 되기의 절반은 달성한 거나 다름없습니다. 저 역시 부모입니다. 한국에서 자녀를 키우고 성장시키는 것이 얼마나 어려운지 알고 있습니다. 그리고 내가 받았던 교육과 똑같은 교육을 내 자녀에게 할 수밖에 없는 사실이 매우 안타깝게 생각합니다. 남과 다르게 산다는 것이 얼마나 어려운지 이해됩니다. 옆집 아이는 이거 한데. 반 애들 모두 이거 가지고 있는데, 학교 공부를 이렇게 시켜야 한대, 다 해야 한대, 이런저런 이야기를 듣게 되면 나도 따라서 안 할 수가 없습니다. 학교 선생님들을 만나게 되면 학습 지도안을 이야기하면서 자녀 학습에 조금 더 분발할 것을 권합니다. 우리 어렸을 때도 부모님은 선생님들 앞에서 작아졌고 선생님 말씀이 진리인 듯이 따랐습니다. 부모가 된 우리 역시 다르지 않습니다. 내 자녀가 학교생활이 안 좋고 공부를 못 따라간다는 이야기를 선생님으로부터 들으면, 아무렇지 않게 여길 수 있는 부모가 몇이나 될까요? 그만큼 학교도, 공부도 우리에게 큰 영향을 미치는 요소입니다. 그리고 거기서 벗어날 수 없는 것이 현 사회 구조입니다. 만약 약간의 이탈이라도 하면 견디기 힘든 구조로 돼 있습니다. 이것이 답이 아닌 것을 알고 있지 않나요? 사회 구조에 맞춰 따라가지 않고 이탈해서 부자가 되려면, 건물주 프로세스를 따라가는 수밖에 없습니다. 그리고 자녀에게 알려주고 가르쳐야 합니다.

학교 공부를 그만두라고 하는 것도 아니고, 절대적인 시간을 프로세스에 할애할 필요도 없습니다. 어차피 제대로 된 경제 공부·부동산 공부의 양은 학교에 가르치는 내용처럼 많지도 않습니다. 자연스럽게 건물주가 되기 위한 구조만 익히게 해주면 됩니다. 그 방법이 앞에서 소개해 드렸던 게임이 될 수도 있고, 독서가 될 수도 있습니다. 학교에서 알려주는 주입식 공부 방법이 아닌, 생각하는 방법입니다. 그리고 돈 되는 참된 공부를 하는 것입니다. 한 번에 다 따라 하기는 쉽지 않습니다. 프로세스의 작은 목표부터 따라갈 것을 권합니다.

돈 공부, 파이프라인, 레버리지, 자본주의의 숨겨진 진실을 하나씩 익혀 가야 합니다. 왜 돈 공부를 해야 하는지 왜 돈 공부가 학교 공부보다 중요한지를 알려주어야 합니다. 자녀에게는 세상 살아가는 다른 관점을 인식시켜 주게 될 것입니다. 그리고 인생 방향 설정이 보통의 아이들과 완전히 달라질 것입니다. 파이프라인의 중요성과 돈 버는 법을 빨리 알려줄수록 자녀는 더 중요한 공부가 무엇인지 알게 될 것입니다.

부모는 공부를 가르치는 일 이외에도, 부동산을 통한 파이프라인 구축을 자녀에게 보여 줘야 합니다. "네가 돈을 벌어서 구축해야 하는 파이프라인은 이런 것이야." 그리고 이 파이프라인으로 우리 가족 경제가 점점 커져 나간다는 사실을 공유해 나가야 합니다. 이런 내용을 잘 보여줄수록 자녀는 부모를 더 신뢰하게 되고 자녀도 그와 같은 방법으로 돈 버는 것을 목표 삼고 살아가게 됩니다. 부자 아빠 자녀는 부자가 되는 것이고 가난한 아빠 자녀는 가난한 사람이 되는 것입니다. 나에게 부자 아빠가 없었지만, 부자 아빠의 방식을 알았다면, 그 방법대로 살아가도록 노력하는 것입니다. 그래야 최소한 내 자녀부터는 부자 아빠의 자녀로 만들 수 있지 않을까요?

2) Z 세대, 어떻게 돈을 알려줘야 할까?

| 그림 22 | 대한민국 세대 구분

| | 1950 | 1960 | 1970 | 1980 | 1990 | 2000 |

세대 구분	베이비붐 세대	X세대	밀레니얼 세대 (Y세대)	Z세대
출생 연도	1950~1964년	1965~1979년	1980~1994년	1995년 이후
인구 비중	28.9%	24.5%	21%	15.9%
미디어 이용	아날로그 중심	디지털 이주민	디지털 유목민	디지털 네이티브
성향	전후 세대, 이념적	물질주의, 경쟁사회	세계화, 경험주의	현실주의, 윤리 중시

출처: 통계청 · 맥킨지 코리아

1995년 이후에 태어난 세대를 'Z세대'라고 합니다. Z 세대는 완전히 다른 세대입니다. 21년 현재 부모들은 거의 Z 세대 자녀를 키우고 있을 것입니다. 세대에 대한 이해가 필요합니다. 디지털의 경계선이 부모 세대와 완전히 다르고 생각하는 범위도 다릅니다. 이 세대부터는 새로운 교육이 필요합니다.

국가에서도 새로운 세대를 위해서 코딩 교육 같은 새로운 내용을 교육하려고 노력하는 것 같습니다. 하지만 코딩 교육도 결국은 새로운 일꾼을 만들기 위한 교육이지 파이프라인 설립을 위한 교육은 아닙니다. 코딩 교육보다는 네이버, 카카오와 같은 이커머스 시장 자체를 만들어 내는 교육이 필요합니다. 이런 시장은 플랫폼 시장이라고 불리고, 플랫폼 시장이 디지털 시대의 파이프라인을 말합니다. 이런 아이디어를 직접 자녀에게 가르쳐 주지 못한다고 하더라도, 파이프라인 구조만 정확하게 알려주면 자녀는 거기에 맞게 파이프라인 구축의 길로 찾아가게 돼 있습니다. 자녀가 이런 길을 걸어가는 과정을 응원하고 지지해 줘야 합니다. 학교 공부와는 관련이 없을 수 있습니다. 하지만 아이가 파이프라인을 정확하게 인지하고 있고, 이 부분을 만들기 위해 힘써 노력하고 있다면, 명문대나 대기업에 들어가는 그것보다 훨씬 더 대단한 사람으로 클 것입니다.

아이들은 중학생만 되면 더 이상 부모와 대화를 하려고 하지 않습니다. 또 부모가 좋은 이야기를 하려고만 하면 잔소리로 생각하고 꼰대 취급을 할 것입니다. 이렇게 대화 단절되기를 원하지 않는다면, 부모가 자녀 세대 관점을 이해하고 거기에 맞게끔 대화를 하도록 해야 할 것입니다. 그렇다면 어떻게 해야 할까요? 학교에서 가르치는 내용이 아닌 정말 사회에 살아가는데 필요한 내용을 알려 주면 됩니다. 경제 공부와 돈 버는 방법만 이야기해도 자녀가 부모를 바라보는 관점은 매우 달라질 것입니다. 그리고 평범한 부모와 다르다는 것을 알게 될 것입니다. 그리고 자신에게 정말 필요한 공부가 무엇인지를 알려 주고 있다는 사실을 알게 될 것입니다. 깨어 있는 공부를 하게 하고 필요한 것이 무엇인지를 알려주는 것이 부모의 도리입니다. 이런 것을 알려 줄수록 자녀는 자연스럽게 부모를 따르게 되고, 스승으로까지 여기게 됩니다. 구시대적 발상에 젖은 '나 때는 말이야'라는 이야기를 하지 않기 위해서는, 정확하고 중요한 공부를 아이들에게 알려주면 됩니다. 그리고 그 모습대로 살아가는 부모의 모습을 보여주어야 합니다. 그렇게 되면서 시간이 흐를수록 나도 건물주가 되고 자녀도 건물주가 되는 모습을 발견하게 될 것입니다.

4
지금부터 시작해도
늦지 않았다

> 당신의 현재 상황은 당신의 진짜 가능성에 대해
> 아무것도 말해주지 못한다!
>
> _ 앤서니 로빈스

1) 100세 시대, 최고의 투자는 이것

2019년도 기준 현재 대한민국 평균 수명은 83.3세입니다. 지금 같은 추세로 보면 30년 뒤 평균 100세를 수명을 살게 될 거 같습니다. 객관석으로 현재 50대부디 100세 시대에 접어들 가능성이 커 보입니다. 그에 반해 평균 은퇴 나이는 60세입니다. 어림잡아 계산해 보면 최소 30년에서 40년은 더 살게 되는데 그 기간에는 이전만큼 양질의 직장을 얻기도 힘들고 돈을 벌기도 쉽지 않을 것입니다.

| 그림 23 | 기대수명 및 건강수명 추이

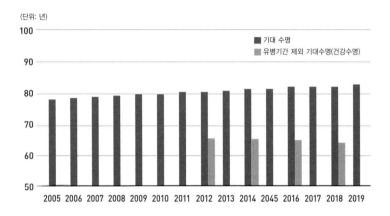

(단위: 년)

■ 기대 수명
■ 유병기간 제외 기대수명(건강수명)

출처: 통계청 [생명표, 국가승인통계 제 101035호]

 직종에 따라 연금 준비를 잘한 분도 있지만, 대부분은 연금만으로
는 먹고살기 힘든 시기입니다. 이런 내용은 처음 접하는 것이 아닐 것
입니다. 하지만 알아도 준비 못 하는 것이 은퇴 후 생활입니다. 만약
건물주 프로세스를 미리 준비했다면, 은퇴 후 걱정할 것이 없습니다.
파이프라인만 있어도 내 노후는 걱정이 없습니다. 물가는 올라가고
생활비는 점점 더 많이 들게 됩니다. 하지만 연금이 지속해서 올라간
다고 해도 물가 상승률 만큼 올라가지 않습니다. 지금 연금이 잘 나오
는 직종이라고 해도, 물가 상승률을 고려하지 않는다면 미래에 큰코
다치게 돼 있습니다. 미리 준비해야 합니다. 그리고 안정적인 수익구

조를 만들어서 노후를 대비해야 합니다. 건물주가 되는 또 다른 이유 중의 하나는 미래 대비가 목적이기도 합니다. 나이가 들고 경제력이 없으면, 주변에 사람도 없습니다. 그래서 고독한 노년을 보내게 되고, 힘든 생활을 합니다. 그러기 전에 내가 예방할 수 있는 장치를 마련해야 합니다. 건물주로 나오는 임대소득은 물가 상승률을 반영해서 올라가게 됩니다. 그 결과 100세까지도 안정적인 수익구조에 여유 있는 삶을 살 수 있습니다. 어떤가요? 건물주가 되면 1차원적인 경제적인 안정 외에도 노후까지도 걱정할 것이 없습니다.

2) 부동산 사업가로 노년을 맞이하자

PART 4-6 '부동산투자자가 사장님인 이유' 편에서 왜 부동산이 사업인지 자세하게 이야기를 했습니다. 간략히 요약하면, 부동산은 내 노력 여하에 따라 내가 가지고 있는 물건의 가치를 올릴 수가 있고, 투자 후 그 물건을 임대 혹은 팔아서 돈을 벌 수 있으므로 사업이라고 했습니다. 하지만 일반적인 사업은 계속 내 노동과 시간이 들어가야 합니다. 부동산은 기본 구조만 만들어 놓으면 내 노동과 시간이 크게 들어가지 않습니다. 그러므로 90세가 되든 100세가 되든 쉽게 할 수 있는 사업이라고 할 수 있습니다. 나이가 들어서 할 수 있는 일은 많지 않기 때문에, 부동산만큼 매력 있는 사업은 없습니다. 노년이 돼도 경제적 안정을 누리면서 내 사업을 한다는 것은 멋진 일이 아니겠습니까? 남의 이야기가 아닌 당신의 이야기가 될 수 있습니다.

3) 망하기 힘든 사업 - 건물주

부동산 사업은 망하기 힘든 사업입니다. 보통 사업을 하다가 실패한 경우 다 날려버리게 됩니다. 투자한 것도 날리고 한 번에 패가망신할 수 있습니다. 하지만 건물주는 절대 패가망신할 수 없습니다. 왜냐하면, 나라가 인정하는 땅을 가지고 있기 때문입니다. 그리고 그 땅값은 나라가 보장합니다. 만약 내가 입지 좋은 곳에 세가 잘 나오는 건물을 가지고 있다면, 이것은 절대 가치가 있는 보물입니다. 임차인을 대상으로 사업을 하지만, 내 돈의 가치가 제로 베이스로 떨어지는 일은 없습니다. 이것이 수익형 부동산투자의 진정한 매력이고 부자를 꿈꾼다면 지향해야 하는 목표라고 할 수 있습니다. 부동산으로 돈을 벌고 부자가 되고 싶다면, 건물주를 도전해야만 합니다.

— 5 —
부자에게는
부자 그릇이 따로 있다

돈은 그만한 그릇을 가진 자에게만 모인다

_『부자의 그릇』중, 이즈마 마사토

1) 당신이 정말 건물주가 될 수 있는 사람인가?

지금 당신에게 묻겠습니다. 당신은 당장 건물주가 될 수 있는 사람인가요? 저는 이 책에서 건물주를 목표로 삼으라고 이야기하고 있습니다. 하지만 그 전에 알아 둘 것이 있습니다. 건물주가 되기 위해서는 돈만으로 되는 것은 아닙니다. 이 장의 서두에서 이야기했듯이 기본적으로 부자가 된다는 것은 거기에 합당한 마인드를 갖추어야만 합니다. 돈이 무엇인지도 알아야 하고, 어떻게 벌어야 하는지도 알아야 합니다. 그리고 그 돈을 어떻게 써야 하는지를 알아야만 부자의 길에 들어서게 됩니다. 그리고 그 과정에서 당신이 돈을 대하는 태도와 자세도 달라질 것입니다.

한낮 직장인으로서 돈을 바라보는 자세와 사업가로서 돈을 바라보는 자세는 매우 다릅니다. 그리고 돈이 어떻게 돌아가는지 알고 나서 돈을 바라보게 되면 돈에 대한 새로운 느낌을 얻을 수가 있습니다. 돈을 어디에 써야 하는지 알고 나면 돈 쓰는 일이 이전과는 다르게 느껴지게 될 것입니다. 이런 것들을 하나씩 체험해 나갈 때 돈에 대한 당신의 태도와 자세는 달라질 수밖에 없습니다.

거꾸로 말하면, 이런 부분이 달라지지 않는다면, 당신은 건물주가 될 수 없습니다.

건물주들은 돈에 있어서만큼은 일반 서민들과는 완전히 다른 생각과 사고를 하고 있습니다. 그 생각과 사고를 이해시키고자 건물주 프로세스 방법을 당신에게 이야기한 것입니다. 저 역시도 돈에 대한 그릇을 키워나가는 중이고, 건물주 프로세스를 실천해 나가고 있습니다. 이 프로세스를 알든 모르든, 부자가 되는 사람은 거의 다 이 프로세스에 맞춰서 살아가는 것도 사실입니다. 내가 진심으로 건물주가 되고 싶다면 지식과 테크닉을 다 익히면서 실행에 옮겨야 합니다. 그리고 경험이 쌓이면 쌓일수록 건물주에 점차 가까워지게 됩니다.

2) 건물주가 되는데 시간과 돈을 아끼지 마라

부동산 부자들을 보면, 배우는데 절대 돈을 아끼지 않았습니다. 또 현재 부동산 인플루언서들을 봐도 하나같이 똑같은 소리를 합니다. 더 배우기 위해 시간과 돈을 아끼지 않았다고 합니다. 저도 마찬가지입니다. 제2의 인생을 살기 위해, 들인 비용만 해도 수천만 원 이상의 비용을 지불했습니다. 그리고 완전히 몰입해서 공부하고 실천했습니다. 그 결과, 파이프라인의 구축은 물론 남들을 건물주로 만드는 데 도와주는 역할을 하게 됐습니다. 당신도 그렇게 됐으면 합니다. 우선 당신의 자녀를 건물주로 만들도록 노력하기 바랍니다. 남에게 알려주려고 노력할수록 자신이 가장 많이 배우게 되고, 가르친 데로 내가 그 길을 걷게 될 것입니다. 즉, 부모인 당신이 건물주가 되는 것입니다. 그러면 온 가족이 건물주가 되는 길을 걸을 수가 있는 것입니다.

3) 베풀어라! 그러면 더 크게 얻게 된다

돈을 벌기 시작하는 순간부터 해야 하는 중요한 일이 있습니다. 바로 베푸는 것입니다.

당장 내 생활이 어려워 베풀기 힘들 수 있습니다. 하지만 내 생활을 할 만한 정도가 된다면 주변 사람에게 베풀 것을 추천합니다. 이 이야기를 하는 데는 이유가 있습니다. 돈은 올바르게 사용하면 더 크게 돼서 돌아오게 돼 있습니다. 보통 사람들은 당장 내 돈이 나가기 때문에 기부할 여유가 없다고 할지 모릅니다. 하지만 돈은 베풀수록 어떤 형태로든 이롭게 돌아오게 돼 있습니다. 사업가의 경우 숨은 기부자들이 매우 많습니다. 꾸준히 기부해온 사업가들은 하나같이 말합니다. 기부는 무조건해야 된다고 말입니다. 사업가에게 있어서 기부는 숫자상 손해입니다. 하지만 이것은 1차원 적인 생각입니다. 사업가가 꾸준히 기부했을 때, 그 회사가 잘 되는 경우가 대부분입니다. 개인도 마찬가지입니다. 기부를 많이 하는 사람 치고 잘 안 된 사람은 없습니다. 돈을 벌면 저는 무조건 기부를 하라고 강조합니다. 어떤 업체에 기부하든 상관없습니다. 내 마음이 중요한 것입니다. 내가 기부를 하면서 자녀에게 기부하는 모습을 보여주고 기부를 가르쳐 주기 바랍니다. 나에게 부가 쌓일수록 나만을 위해서 사용하는 것이 아니라 어려운 사람을 위해 나누어 주는 모습은 나의 모습을 훨씬 더 아름답게 만듭니다. 그리고 이를 본 자녀 역시 부모에 대한 존경심이 저절로 생겨나게 됩니다. 건물주 프로세스를 통해서 나의 성공을 이루어 내고, 주변 사람들에게 베풀어야 합니다. 그 첫 번째 대상이 내 자녀이고, 이후에는 내 주변 이웃을 생각하기 바랍니다. 나누고 베풀며 이끌어 주었을 때 좋은 일이 발생하는 것은 세상 이치입니다. 현재 당신은 어떻게 하면 빨리 건물주가 되나를 생각할지 모르겠지만, 어느 단계에 이르면 물질적인 것이 다가 아니라는 사실을 깨닫게 될 것입니다. 조금 더 빨리 건물주가 되고 싶다면 주변 사람에게 베풀기 바랍니다.

SKY를 떠나면 건물주가 보인다

40년 인생을 살면서 내가 믿었던 가치관을 벗어나는 일은 매우 힘들었습니다.

가진 게 많은 사람은 바꾸기가 더 쉽지 않습니다. 30대까지 소위 잘나가는 인생을 살았다고 자부해 왔습니다. 하지만 그 인생은 겉보기에 잘 나가는 인생일 뿐이었습니다. 그 길은 부자가 되기는커녕 일평생 노예로 살아야 하는 길이었습니다.

결국, 그 길과 다른 길을 걷게 되었습니다. 처음 그 길을 나와서 남들이 걷지 않는 길을 걷는다는 것은 쉽지 않았습니다. 하지만 나에게 목표가 정확하고 꾸준히 노력한다면 언젠가 잘 될 것이라는 확신이 있었습니다.

2014년 인기 드라마 〈미생〉에서 이런 장면이 있습니다.

영업부서에 근무하는 오 차장은 퇴직한 선배를 만나게 됩니다. 선배는 회사에서 나간 후 하는 일마다 다 실패하고, 오 차장에게 한마디를 남깁니다. "직장이 전쟁터면 밖은 지옥이야"라고 말입니다. 많은 직장인의 심금을 울린 유명한 대사입니다. 저에게도 이 대사는 크게 영향을 미쳤습니다. '내가 다니는 직장이 최고구나. 직장에서 최선을 다해야겠다.'라고 생각했습니다.

하지만 이 명대사를 이제는 바꾸고 싶습니다. '직장은 안정적이지만 일평생 누군가의 노예로 살아가야 해, 밖은 지옥 같아도 노예가 아닌 부자가 될 수 있어.'라고 말입니다.

직장을 벗어나는 일은 쉽지 않습니다. 그래서 무조건 직장을 그만두라고 권하지도 않습니다. 직장에 있던 밖에서 일하던 상관없이 제대로 된 실용적인 경제 공부를 해야 합니다. 개인적 바람으로는 참된 경제교육이 보편화 돼서 대한민국의 입시 결과물인 노예나 취업에만 목숨 거는 취준생들이 만들어지지 않았으면 합니다. 뒤늦게나마 이 사실을 깨달은 점을 매우 안타깝게 생각합니다.

만약 어릴 때부터 참된 경제교육을 받았다면 분명 더 빨리 경제적 자유를 실현했을 것입니다.

그렇다고 저의 부모님을 원망하지는 않습니다. 부모님 역시 제대로 된 경제교육을 받아본 적이 없습니다. 그러므로 본인들이 할 수 있는 제일 나은 방법으로 자녀를 교육했을 뿐입니다. 오히려 한국의 입시 교육에 맞춰 철저히 공부를 시켜 주었고, 결국에는 그 이상의 것들을 찾도록 성장시켜 주신 점에 감사할 따름입니다.

만약 제가 20대에 이런 사실을 알았다면 비슷한 또래인 20대에게 만 이야기하고 다녔을지도 모릅니다. 하지만 결혼을 하고 자녀가 태어나고 나서 이런 사실을 깨닫게 되니, 전해야 하는 대상이 더 많아지게 됐습니다. 저와 비슷한 세대에게만 전하는 것이 아니라, 그 가족까지 알려줄 필요성을 느꼈습니다.

그래서 부모부터 실천해야 하고 반드시 자녀까지 이 내용을 가르쳐야 합니다.

이미 세상에는 많은 자기 계발서, 경제서, 마인드, 투자 등등의 관련 책이 나와 있습니다. 새로운 것이란 것은 존재하지 않습니다. 이 책에 쓴 내용도 새로운 것으로 생각하지는 않습니다. 고대 솔로몬 왕조차도 해 아래 새로운 것은 없다고 말했는데, 하물며 2000년이 지난 지금에서 더 새로운 것이 있을 수 있겠습니까?

제 경험과 현대판 건물주들의 방법을 바탕으로 책을 썼습니다. 만약 당신이 이 책을 읽고서 어떤 변화된 행동을 하게 된다면 저는 매우 만족합니다.

제 진정한 바람은 저에게 영향을 받은 사람이 밝은 길로 걷는 것입니다.

그러므로 당신이 이 책을 읽고 밝은 길로 걸어간다면 저의 소망은 이루어진 셈입니다.

당신과 당신의 자녀가 경제적 자유를 이루는 건물주가 되기를 바라며 이 책을 마칩니다.

2021년 8월

박익현